Herausgegeben vom VUB-Gilde Verlag und Max Moritz Medo und Rainer E. Wicke mit Zeichnungen von Marlene Pohle.

Wer? Wie?

Dieses Lehrwerk folgt in allen seinen Teilen der Neuregelung der deutschen Rechtschreibung, die am 1. August 1998 in Kraft trat.

5 4 3 2
02 01 00 99

1. Auflage 1998

ISBN 3-86035-120-6
Bestellnummer: 120

Der Umwelt zuliebe ist dieses Buch mit Öko-Farben auf Recyclingpapier aus 100 % Altpapier gedruckt.

Lektorat: Mediakom GbR, Dortmund
Satz und Layout: sks, die druckvorstufe, Bielefeld
Druck: Rhode Druck GmbH, 33428 Marienfeld

Printed in Germany

Schülerbuch Stufe 2

VUB-Gilde Verlag

Inhalt

Freizeit

Hier sehen wir, was Kinder in Deutschland in ihrer **Freizeit** tun. Wir machen **Vorschläge, stimmen zu** oder **lehnen ab,** stellen **Fragen** und **beschreiben** Dinge. Wir lernen echte und „neue" Tiere kennen und lesen ein **Märchen.** Außerdem laden wir zu einer **Party** ein.

Musik & Mehr

Wir treffen die Musikgruppe „Die Piloten" und erfahren, wie man **Interviews** macht. Wir singen das neue **Lied** von den „Piloten" und machen ein **Radiointerview.** Wir lernen, wie man über die **Vergangenheit** spricht und was man sagt, wenn man **etwas kaufen** will. Wir basteln uns selbst **Instrumente** und lesen schon mal den **Stadtplan,** weil wir ins Schwimmbad wollen.

Auto & Verkehr

Wir lernen die Teile von **Autos** und **Fahrrädern** kennen und schreiben einen **Brief.** Über die Autobahn fahren wir an die See und machen Urlaub. Wir lesen **Zeitungs-artikel** und **Werbeanzeigen,** beschreiben den Ort, an dem wir sind und verfassen einen **Bericht** über einen Verkehrsunfall, den wir miterlebt haben.

Medien

Fernsehen, Fernsehen: Wir reden über unsere **Lieblingssendungen** und sagen, was uns mehr oder weniger interessiert. Wir schauen bei Familie Schulze ins Wohnzimmer und beobachten, was passiert, wenn der Fernseher mal kaputt ist. Der **Wetterbericht** sagt uns, ob wir trocken ins **Studio** zu einer **Radiosendung** kommen und wir sprechen dort mit Schülern aus Edmonton in Kanada. Das wich-tigste Thema ist natürlich Schule. Aber wie sieht sie wohl im **Jahr 3000** aus?

Aufgepasst und nachgedacht!

In der Schule können wir etwas für die **Umwelt** tun. Wir sehen, wie man in Deutschland den **Müll trennt** und wohin man Papier, Glas und anderes tut. Wir lernen ein **umweltfreundliches Schulgebäude** kennen, erfahren von **Projekten** für eine saubere Umwelt und warum das wichtig ist.
Am Schluss lösen wir einen **Kriminalfall** – aber mehr wird noch nicht verraten.

Das sind wir

In der Straßenbahn

Die Schule ist aus. Sara, Petra, Stefan und Daniel fahren nach Hause.

Daniel:	Sagt mal, Sara und Stefan, was macht ihr heute Nachmittag?
Stefan:	Zuerst mache ich Hausaufgaben – ja und dann, und dann ... was macht du denn, Sara?
Sara:	Keine Ahnung! Vielleicht gehe ich schwimmen. He, Petra – was machst du denn heute?
Petra:	Also, zuerst mache ich Hausaufgaben, die sind ganz leicht. Dann backe ich Kuchen und vielleicht gehe ich später ins Kino. Meine Tante und mein Onkel kommen – dann trinken sie mit Vater und Mutter Kaffee. Ich gehe lieber ins Kino. Wollt ihr vielleicht mit?
Stefan:	Was meinst du, Daniel? Hast du Lust? Gehen wir auch ins Kino?
Daniel:	Okay. Einverstanden, heute Nachmittag. Um wie viel Uhr?
Petra:	Um drei Uhr – klar?
Stefan:	Na gut, um drei Uhr. Und du Sara, kommst du auch mit?
Sara:	Wann – um drei? Nee, ich kann erst um fünf. Ich gehe doch vorher schwimmen.
Petra:	Schwimmen? Warum sagst du das nicht gleich? Ich komme mit! Schwimmen ist klasse.
Stefan und Daniel:	Super, dann gehen wir um drei Uhr schwimmen und um fünf Uhr ins Kino. Und am Freitag ist die Party bei Petra. Toll!
Frau Wicke:	Hallo, ihr vier! Ihr wollt schwimmen und ins Kino gehen und morgen ist die Party von Petra? Und wann macht ihr die Hausaufgaben?
Alle:	Guten Tag, Frau Wicke – die Hausaufgaben? Na gut, die machen wir heute von zwei bis zehn nach zwei. Mehr Zeit haben wir nicht und die Hausaufgaben sind heute ganz leicht!

3. Das können die Freunde auch machen. Lies den Text mit diesen Wörtern:

schwimmen	Tennis spielen	ins Kino	ins Museum
	Fußball spielen		ins Jugendtheater
	Volleyball spielen		ins Rockkonzert

4. Was sagst du zu deiner Nachbarin / deinem Nachbarn?

☺ Gehst du auch ins Kino?

😃 Ja, gerne, das macht Spaß.
Ja, das will ich.
Ja, Kino ist klasse / toll / super.

😃 Wann denn?

☺ Na, heute Nachmittag, so
um drei Uhr?
um vier Uhr?
um fünf Uhr?

😃 Ja, O.K., dann bis
drei Uhr.
vier Uhr.
fünf Uhr.

Was sagst du jetzt?

☺ Gehst du auch ins Kino?

😃 Nein, nicht schon wieder!
Nein, ich habe keine Lust.
Nein, das ist langweilig.
Nein, das will ich nicht.

☺ Was machst du denn
heute Nachmittag?

😃 Ich weiß nicht.
Keine Ahnung.
Mal sehen.

☺ Schade, dann gehe ich
mit ... ins Kino.

Fragepronomen

Zeitangaben

Mutter:	Petra, am Montag ist wieder Schule. Was brauchst du am Montag?
Petra:	Alles – ich brauche alles. Carsten, such bitte meinen Füller. Ich brauche am Montag den Füller!!
Carsten:	Hier ist der Füller. Was brauchst du noch?
Petra:	Ich brauche auch noch den / das / die ... Wo ist bloß der / das / die ...?
Carsten:	Hier ist der / das / die ...
Petra:	Gib mir bitte auch den / das / die ...
Carsten:	Ich kann den / das / die ... nicht finden.
Petra:	Dann such bitte den / das / die ...
Carsten:	Schon gut! Hier – ich habe auch einen / ein / eine ... Nimm meinen / mein / meine ...
Petra:	Danke – du bist ein Schatz!

Nominativ und Akkusativ bei bestimmten und unbestimmten Artikeln
Possessivpronomen 1. Person Singular

5. Setze ein:

der	den / einen / meinen		das	das / ein / mein		die	die / eine / meine

Filzstift	Deutschheft	Kassette
Bleistift	Matheheft	Tasche
Kuli	Deutschbuch	Schere
Block	Mäppchen	Füllerpatrone
Füller	Lineal	Uhr
Anspitzer	Mathebuch	
Radiergummi		
Kleber		

tundenplan

Stunden	Montag	Dienstag	Mittwoch	Donnerstag	Freitag
8.00 – 8.45	Deutsch	Deutsch	Schwimmen	Englisch	Englisch
8.45 – 9.30	Musik	Erdkunde	Schwimmen	Deutsch	Deutsch
9.50 – 10.35	Kunst	Religion	Mathe	Kunst	Mathe
10.35 – 11.20	Mathe	Englisch	Deutsch	Biologie	Geschichte
11.40 – 12.25	Sport		Englisch	Mathe	
12.25 – 13.10					

Meine Lehrer: Herr Müller, Frau Wicke, Herr Schneider, Frau Albers, Herr Wahl.

Carsten: Sieh mal, Petra – hier ist ja dein Stundenplan. Wie viele Stunden hast du denn am Freitag?
Petra: Warte mal. Hier. Vier Stunden – Englisch, Deutsch, Mathe und Geschichte.
Carsten: Bis wann hast du am Dienstag Schule?
Petra: Lass mal sehen. Ach ja, hier. Bis 11.20 Uhr.
Carsten: Ach so. Und um wie viel Uhr hast du am Montag Unterricht?
Petra: Na – wie immer, um 8 Uhr.
Carsten: Und wer ist Herr Müller?
Petra: Na, mein Mathelehrer. Ist doch ganz klar!

6. Wie findest du Deutsch / Mathe ...?

Deutsch Mathe Kunst Musik Sport Englisch Religion	macht Spaß. ist toll. ist spitze. ist super.

Deutsch Mathe Kunst Musik Sport Englisch Religion	ist langweilig. macht nicht so viel Spaß. ist scheußlich.

7. Frage auch nach dem Stundenplan von Petra und von deinem Nachbarn:

Wie viele Stunden Bis wann Um wie viel Uhr Wann	hat Petra ...? hast du ...?

Fragepronomen – Imperativ

sieben 7

die Lehrerin · die Tafel · der Stuhl · die Landkarte · die Kreide · die Uhr · das Bild

der Schrank · die Schülerin · der Projektor · der Hefter · der Blumentopf · der Locher · der Tafellappen

die Lampe · der Rucksack · die Tasche · der Papierkorb · die Tür · der Kuli · der Taschenrechner

rund
eckig

das Fenster · die Kassette · der Schüler · der Kassettenrekorder · die Vase · der Schwamm · der Tisch · der Kleber

sehen + Akkusativ / Adjektiv

8. Rate mal!

☺ Ich sehe was, was du nicht siehst
und das ist rot / gelb / grün.

☻ Du siehst den / das / die ...!

☺ Falsch / Richtig!
Bei „falsch" geht es weiter:

☻ Wie ist es noch?

☺ Es ist groß / rund / eckig / klein.

☻ Du siehst den / das / die ... !

☺ Falsch / Richtig!

(Bei „richtig" ist ☻ an der Reihe)

der
der
sehen
den

6.30 Uhr – aufstehen	9.50 Uhr – malen
7.00 Uhr – frühstücken	10.35 Uhr – rechnen
7.30 Uhr – zur Schule gehen	11.20 Uhr – Pause haben
8.00 Uhr – Deutsch lernen	11.40 Uhr – turnen
8.45 Uhr – singen	12.25 Uhr – nach Hause gehen
9.30 Uhr – Pause haben	

Um 6.30 Uhr muss ich immer aufstehen. Um 7.00 Uhr frühstücke ich schon.
Dann gehe ich zur Schule, so um 7.30 Uhr. Von 8.00 Uhr bis 12.25 Uhr habe
ich Deutsch, Musik, Kunst, Mathe und Sport. Danach gehe ich nach Hause.
Das Beste in der Schule sind die Pausen. Ich spiele mit Petra und Helga Fußball,
wir spielen Karten oder Fangen. Manchmal mache ich auch die Hausaufgaben in
der Pause oder wir tauschen Fußballbilder.

9. Wie sieht der Tag aus?

Um 6.30 Uhr	muss	ich / Petra / Stefan	aufstehen.
Um 7.00 Uhr	frühstücke / frühstückt	ich / sie / er.	
Um 7.30 Uhr	gehe / geht	ich / sie / er	...

In der Pause

Petra:	Sieh mal, Sara. Da ist Christina. Die ist neu hier. Die ist immer alleine.
Sara:	He, Christina, komm, wir spielen Fußball. Spielst du mit?
Christina:	Ich weiß nicht.
Petra:	Du spielst doch so toll Fußball – sagt Frau Wicke. Fußball macht Spaß. Stefan und Daniel spielen auch mit.
Stefan:	Klar!
Daniel:	Na klar!
Christina:	Gut, ich spiele mit.
Petra:	Und wer ist Torwart?
Sara:	Ich zähle ab. Eins, zwei, drei, du bist frei. Du, Christina. Eins, zwei, drei, du gehst weg! Du, Stefan. Eins, zwei drei, du bist an der Reih! Petra, du bist Torwart!
Petra:	So ein Mist!

Uhrzeiten: um... / von... / bis...

In Köln

Daniel wohnt hier in Köln. Er ist zehn Jahre alt. Er malt gern und fotografiert sehr gut, aber am liebsten liest er. Comics und Bücher. Daniel trägt einen Ohrring! Er hat am zweiten August Geburtstag.

Hier wohnt Christina. Sie ist elf und malt scheußlich. Am liebsten mag sie Eis. Christina kann toll schwimmen, prima Fußball und super Volleyball spielen. Sie gewinnt immer und läuft sehr schnell. Müde ist Christina nie. Am vierten Januar hat sie Geburtstag.

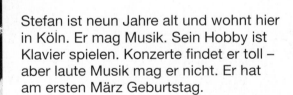

Sara wohnt hier. Sie ist auch zehn. Sie macht alles gern – Rad fahren, schlafen, fernsehen und malen. Sie hat am zehnten Dezember Geburtstag. Partys findet sie toll. Hausaufgaben will sie nie machen. Sie sagt immer: Hausaufgaben sind langweilig!

Stefan ist neun Jahre alt und wohnt hier in Köln. Er mag Musik. Sein Hobby ist Klavier spielen. Konzerte findet er toll – aber laute Musik mag er nicht. Er hat am ersten März Geburtstag.

Hier wohnt Petra. Sie möchte immer basteln, tanzen, lesen, schreiben und fernsehen. Aber aufräumen will sie nie. Sie hat auch keinen Papierkorb. Besonders gern fährt sie Rollschuhe. Sie ist zehn und hat am fünften Mai Geburtstag.

Datum: am ...ten ....

Modalverb
Verbklammer

der Bruder · Christina · die Schwester

der Onkel · der Vater / Vati / Papa · die Mutter / Mutti / Mama · die Tante

der Großvater / Opa · die Großmutter / Oma · der Großvater / Opa · die Großmutter / Oma

der Bruder
Carsten / 8
11. Juli / Köln
Rad fahren

Christina Berger
11 / Köln
4. Januar
Volleyball spielen

die Schwester
Carola / 12
14. Dezember / Bonn
surfen / tauchen

der Onkel
Fritz / 39
11. Oktober / Bonn
tauchen

der Vater
Ferdinand / 40
7. Juli / Köln
fotografieren

die Mutter
Senta / 32
27. Mai / Köln
malen

die Tante
Gudrun / 33
3. Januar / Bremen
Musik hören

der Großvater
Daniel / 62
7. April / Köln
lesen

die Großmutter
Erna / 60
13. Mai / Köln
tanzen

der Großvater
Ernst / 59
2. September / Nordhorn
reiten

die Großmutter
Wilma / 53
24. März / Nordhorn
Klavier spielen

10. Christinas Familie

☺ Das sind Familienfotos.

☻ Wie interessant. Wer ist denn das?

☺ Das ist Christinas Opa, Oma, Vater, Mutter, Tante. Sie / er heißt ...!

☻ Wie alt ist sie / er?

☺ ...

☻ Wann hat sie / er Geburtstag?

☺ Im ...

☻ Wo wohnt sie / er jetzt?

☺ In ...

☻ Welche Hobbys hat sie / er?

☺ ...

11. Du bist der Opa, Onkel, Vater, Bruder ... Dein Nachbar fragt, du antwortest:

Beispiel:

☺ Wo wohnst du?	☻ In Bonn.
☺ Wie alt bist du?	☻ Zwölf.
☺ Wann hast du Geburtstag?	☻ Im Dezember.
☺ Was machst du am liebsten?	☻ Surfen und tauchen.
☺ Dann bist du Carola!	☻ Richtig! (Falsch!)

Jetzt fragst du.

12. Wie ist das bei Familie Becker? Frage Klaus Becker:

Nachbar: Wie alt ist deine Tante?
Klaus: Sie ist 35 Jahre alt.
Nachbar: Wann hat sie Geburtstag?
Klaus: Im Mai / Am 7. Mai.
Nachbar: Und wo wohnt sie?
Klaus: In Berlin.
Nachbar: Und was macht sie so? Hat sie auch Hobbys?
Klaus: Klar – fotografieren und reisen!

13. Und wie ist das bei deiner Familie? Denke an: der – er – dein / die – sie – deine

Montag

Montag

Dienstag

JUNI
7
am
Sonnabend
Samstag

Mittwoch

Donnerstag

Donnerstag

um

Freitag

Samstag

Sonnabend

Am Freitag um 14.30 Uhr schwimme ich immer.
Um 14.10 Uhr komme ich ins Bad.
Zuerst ziehe ich die Badesachen an.
Um 14.20 Uhr dusche ich kalt.
Dann gehe ich ins Wasser.
Ich schwimme bis 15.15 Uhr oder 15.20 Uhr.
Danach wasche ich meine Haare.
Später fahre ich nach Hause.
Um 16.00 Uhr bin ich zu Hause.

Freitag

Das ist Christina Berger.
Sie ist eine tolle Sportlerin. Christina kann prima
Volleyball und Basketball spielen. Sie schwimmt sehr
schnell und kann gut tauchen. Jeden Tag treibt
Christina Sport. In der Pause spielt sie Tischtennis
oder Fußball. Christina kommt aus Nordhorn und ist
neu in Köln. In der Klasse 5a hat sie schon viele
Freunde – zum Beispiel Petra Krass, Sara Schilling,
Stefan Schöne und Daniel Rau.

am + Tag / um + Uhrzeit

1. Du bist Christina, dein Nachbar fragt:

Nachbar: Sag mal, Christina, was machst du gerne?
Christina: Ich ...
Nachbar: Und was machst du am liebsten?
Christina: Am liebsten ... ich (...).
Nachbar: Was machst du am Dienstag um 17.00 Uhr?
Christina: Am ... um ... ... ich.
Nachbar: Und am Donnerstag um 15.00 Uhr?
Christina: Am ...

2. Sport ist gesund! Frage und antworte:

Was	machst	du	heute Nachmittag?
Was	macht	Christina sie Carsten er	am Mittwoch? am 10. März? jetzt? heute Abend? morgen? nachher?

Ich	turne	heute Nachmittag.
Christina Sie Carsten Er	turnt	am Mittwoch. am 10. März. jetzt. heute Abend. morgen. nachher.

Um ... Uhr turne ich. Am ... spiele ich Fußball.

Hallo, Christina. Was machst du heute Nachmittag?

Ich spiele Tennis.

Und morgen Nachmittag?

Morgen Nachmittag spiele ich Volleyball.

Und am Freitag, was machst du am Freitag um 14.30 Uhr?

Am Freitag um 14.30 Uhr schwimme ich immer.

Sport, Sport, Sport – ist das nicht langweilig?

Nicht so langweilig wie Computer und Fernsehen, Computer und Fernsehen, Computer und Fernsehen!

Inversion bei Zeitangaben

der Volleyball | laufen | springen | reiten

Tischtennis spielen / Basketball spielen

Skateboard fahren

turnen

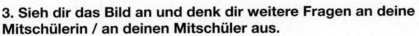

Inliner fahren | der Fußball | Rad fahren

3. Sieh dir das Bild an und denk dir weitere Fragen an deine Mitschülerin / an deinen Mitschüler aus.

Ortsadverbien: oben / unten / links / rechts / in der Mitte

☺ Wer spielt Fußball?
😑 Der Junge oben links.
☺ Was macht der Junge unten links?
😑 Er spielt Tischtennis.
☺ Wo spielen die Kinder Volleyball?
😑 Oben rechts.

oben

oben links	oben rechts

links   in der Mitte   rechts

unten links	unten rechts

unten

Interviewerin: Sag mal, du bist doch Christina Berger aus Nordhorn? Du wohnst jetzt hier in Köln und du spielst doch so toll Fußball.

Christina: Na ja, es geht so. Fußball spiele ich gerne. Aber Basketball spiele ich viel lieber – ja und am liebsten spiele ich Volleyball. Aber Mathe und Deutsch finde ich auch gut.

Interviewerin: Wie alt bist du denn und wo spielst du?

Christina: Ich bin elf. Ich spiele hier in der Turnhalle und im Verein. Ich habe auch schon Freunde, Petra und Sara, Stefan und Daniel. Die sind super. Fußball spielen wir zusammen auf dem Pausenhof.

Interviewerin: Und mit wem spielst du noch?

Christina: Mit Helga und Julia spiele ich Volleyball und Basketball in der Schulmannschaft.

Interviewerin: Bei wem trainierst du denn und wann?

Christina: Fußball am Montag von 14.00 Uhr bis 15.30 Uhr bei Herr**n** Müller – er ist unser Mathelehrer und unser Sportlehrer. Volleyball bei Frau Wicke am Freitag von 16.00 Uhr bis 17.00 Uhr. Frau Wicke spielt super. Und Basketball am Dienstag um 18.00 Uhr bei, bei – ich weiß nicht genau, wie der Trainer heißt.

Interviewerin: Na, das ist ja egal. Sag mal, kannst du nicht einen Artikel schreiben? Wir haben doch eine Schülerzeitung. „Sport in der Schule" oder „Herr Müller kann nicht nur Mathe" oder so ähnlich.

Christina: Aber klar, das mache ich gerne. Bis wann denn?

Interviewerin: Na bis Montag. Ich bin in der 7c bei Herr**n** Schmidt.

Christina: Also gut, bis Montag. Tschüs – ich möchte jetzt turnen.

Interviewerin: Tschüs, Christina. Viel Erfolg mit dem Artikel. Bis Montag!

4. Interviewe Christina, eine Schülerin oder einen Schüler:

1. Wie heißt du?
2. Wie alt bist du?
3. Wo wohnst du?
4. Was machst du am liebsten?
5. Was machst du nicht so gern?
6. Wer ist dein bester Freund?
7. Wer ist deine beste Freundin?
8. Was machst du am Vormittag?
9. Wie viele Kinder sind jetzt hier?
10. Mit wem spielst du am liebsten?
11. Bei wem hast du Deutsch / Mathe / Sport?
12. Wann hast du Sport / Deutsch / Kunst / Mathe?

Präpositionen „bei" / „mit" + Dativ, bei Herr**n** Possessivpronomen 1. Person Plural

siebzehn 17

der Fußball, die Fußbälle	die Ecke, die Ecken
das Tor, die Tore	der Strafraum, die Strafräume
die Mittellinie, die Mittellinien	der Torwart, die Torwarte
der Spieler, die Spieler	das Spielfeld, die Spielfelder
der Schiedsrichter, die Schiedsrichter	der Zuschauer, die Zuschauer

Reporter: Hallo, liebe Zuschauer, heute spielt Köln gegen München. Gerade hat der Kölner Scholl den Ball. Er spielt ab zu Merkel. Merkel dribbelt den Ball. Jetzt passt er den Ball zu Kern. Kern flankt den Ball weit. Da steht Möllmann. Möllmann köpft. Aber – was macht der Torwart? Er springt hoch. So ein Pech. Er kann den Ball nicht fangen. Tor. Tooooor! 1:0 für Köln. Köln führt 1:0.

5. Wer gewinnt? Du bist der Reporter!

Fußballvereine in Deutschland:

Hertha BSC	Berlin	Berliner
Eintracht Frankfurt	Frankfurt	Frankfurter
Hannover 96	Hannover	Hannoveraner
Borussia Dortmund	Dortmund	Dortmunder
Werder Bremen	Bremen	Bremer
Karlsruher SC	Karlsruhe	Karlsruher
1. FC Köln	Köln	Kölner
Bayern München	München	Münchener

Die Fernsehreportage

1. Hier spricht Kerstin – eure Reporterin der Astrid-Lindgren-Schule.

2. Unsere Klasse 5a spielt gerade. Wer heute gewinnt, ist Meister. Die Klassen 5a und 5c spielen nur noch zwei Minuten. Christina hat den Ball. Sie läuft superschnell.

3. Aufgepasst! Da rechts kommt Martin aus der 5c. Er will den Ball haben. Aber Christina spielt sehr gut. Natürlich muss sie jetzt den Ball abgeben. Sie dreht sich um. Da sieht sie Daniel – sie gibt ab – uff – geschafft! Daniel läuft und läuft mit dem Ball. Er schießt. Toooooor! 1:0 für die 5a. Bravo, Daniel! Jetzt pfeift der Schiedsrichter! Jetzt ist Schluss! Unsere Mannschaft hat 1:0 gewonnen!

4. Hier kommt ja meine Freundin Christina und unser Trainer Herr Müller. Hallo, Christina, guten Tag, Herr Müller. Sag mal, deine Mannschaft ist ja spitze.
Ja, wir spielen super und unser Torwart ist einfach klasse.
Was sagen Sie, Herr Müller? Ihre Klasse ist jetzt Meister.
Ich bin glücklich. Was für ein Spiel! Unsere Schülerinnen und Schüler waren toll. Wir bekommen den Pokal und jede Mannschaft bekommt einen Fußball. Hier – das ist unser Ball.

6.

Das ist		Das ist		Das sind	
mein dein sein ihr		meine deine seine ihre		meine deine seine ihre	
	Freund. Ball. Heft.		Freundin. Schule.		Freunde. Freundinnen. Bälle / Hefte.
unser euer ihr Ihr		unsere eure ihre Ihre		unsere eure ihre Ihre	

Possessivpronomen im Singular und Plural

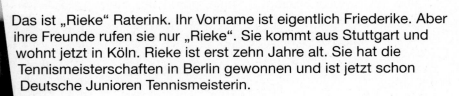

Das ist „Rieke" Raterink. Ihr Vorname ist eigentlich Friederike. Aber ihre Freunde rufen sie nur „Rieke". Sie kommt aus Stuttgart und wohnt jetzt in Köln. Rieke ist erst zehn Jahre alt. Sie hat die Tennismeisterschaften in Berlin gewonnen und ist jetzt schon Deutsche Junioren Tennismeisterin.

Sie trainiert im Tennisklub Sparta in Köln. Am Vormittag geht sie natürlich in die Schule. Aber am Nachmittag spielt sie oft Tennis. Rieke hat viermal pro Woche Training.

Ihr Trainer sagt: „Rieke hat sehr viel Talent. Sie spielt super, läuft schnell und reagiert sehr gut. Ihr Aufschlag kommt immer genau und ihre Vorhand ist klasse. Sie ist heute schon ein Star!"

Rieke meint: „Mein Trainer ist sehr nett. Aber er ist auch streng. Sein Training macht Spaß und seine Aufschläge sind sehr gefährlich. Manchmal mache ich auch Unsinn auf dem Tennisplatz. Dann ruft er: Typisch, Rieke! Lass das! Aufgepasst – und dann kommt sein Ball. Wir haben immer viel Spaß auf dem Platz – mein Trainer Robbi und ich."

7. Ordne und erzähle:

1. Rieke Raterink kommt
2. Sie ist
3. Rieke Raterink ist
4. Am Vormittag geht sie
5. Am Nachmittag spielt sie
6. Rieke ist heute
7. Rieke hat
8. Manchmal macht sie

viel Spaß auf dem Platz.

Unsinn auf dem Tennisplatz.

aus Stuttgart.

Deutsche Junioren Tennismeisterin.

schon ein Star.

in die Schule.

erst zehn Jahre alt.

oft Tennis.

Verben im Präsens

Das ist David Albers. David ist der beste Junior-Tischtennisspieler in Köln. Er ist erst elf Jahre alt und kommt aus München. Sein Vater spielt auch Tischtennis. David ist Mitglied im Kölner Tischtennisverein.

Davids Tag sieht so aus:

Um 6.00 Uhr muss er aufstehen. Dann frühstückt er und geht zur Schule.
Er hat von 8.00 Uhr bis 12.30 Uhr Unterricht. In der Pause von 9.30 Uhr bis 9.50 Uhr spielt er oft Tischtennis. Auf dem Schulhof ist eine Tischtennisplatte. David gewinnt meistens.
Nach der Schule macht David seine Hausaufgaben, so von 14.00 Uhr bis 14.45 Uhr. Am Nachmittag hat er Training. David trainiert dreimal in der Woche, am Montag, am Mittwoch und am Freitag. Sein Training ist von 15.30 Uhr bis 17.00 Uhr. Abends sieht er fern und um 21.00 Uhr geht er schlafen.
Am Wochenende spielt David im Verein. Sein Verein ist der 1. Kölner TTClub. Sein Trainer ist Carlo Müller, der deutsche Tischtennismeister von 1987.

 Um …    Von … bis …

  Von … bis …    Von … bis …

  Von … bis …  Um …

8. Frage deine Nachbarin / deinen Nachbarn:

Um wie viel Uhr Von wann bis wann	spielt trainiert	David	Tischtennis? …?
Wie oft Wo …	spielst trainierst …	du …	Tischtennis? Fußball? …?

turnen | wandern | Rad fahren | Basketball spielen

surfen | Fußball spielen | schwimmen | Ski fahren | faulenzen | jonglieren | fotografieren

Inliner fahren | tauchen | auf Stelzen gehen | Schach spielen | Schlittschuh laufen

W-Fragen und Fragen durch Verbstellung

Tischtennis spielen | segeln | Handstand machen | tanzen

9. Was siehst du auf dem Bild?

Wie viele Kinder	turnen? tauchen? surfen? schwimmen? faulenzen?
Wie viele Kinder	spielen Tischtennis? Schach? Fußball? Basketball?

Wie viele Eier lege ich?

10. Was machen die anderen Kinder?

Spielst	du auch gern	Tischtennis? Schach? Fußball? Basketball?
Machst Gehst Fährst Läufst	du auch gern	Handstand? auf Stelzen? Inliner? Schlittschuh?

So kannst du fragen: W-Fragewort + Verb : Wer turnt?

Wie viele	Kinder / Jungen / Mädchen		turnen?
Was Wer		machst schwimmt	du gern? gern?

So kannst du auch fragen: Verb + Person : Spielst du?

		Spielst Turnst Schwimmst	du gern?

vier zwei zwölf zwei vier

Wie viele?
Wie viele Monate hat ein Jahr?
Wie viele Stücke sind ein Paar?
Wie viele Viertel hat die Stund?
Wie viele Beine hat der Hund?
Wie viele Flügel hat der Pfau?
Das alles weiß ich ganz genau!

Wie viele Gräser hat die Wiese?
Wie viele Meter misst ein Riese?
Wie viele Tropfen sind im See?
Wie viele Flocken hat der Schnee?
Wie viele Federn sind im Kissen?
Das alles kann ich niemals wissen!

Trennbare Verben/Fragen

**Macht mit! Treibt Sport!
Sport ist gesund!**

Billig! Billig!
Ich verkaufe einen
Tennisschläger.
Er ist fast neu und
kostet 150,00 DM.

Telefon: 67 39 41

Wir gehen
am Montag
um 17.00 Uhr
schwimmen.
Wer hat Lust
und kommt mit?

**Tina, Kai und Britta,
Klasse 4b**

KOMMT AM
MITTWOCH
IN DIE TURNHALLE!
WIR SPIELEN
VOLLEYBALL,
MITTWOCHS
UM 16.00 UHR

Wer hat
meinen
Fußball?
Kim, 4d

**Ich spiele
am liebsten Tennis
und suche
einen Partner.
Martin, 12 Jahre,
Klasse 6a**

WER FÄHRT
AUCH INLINER?
KARIN 9,
KLASSE 4C

Kai liebt
Kerstin!
♥
**Stimmt
nicht, Kai!**

Immer Fußball
ist blöd!
Die Mädchen
aus der 5c
Selber blöd!

Macht mit!
Wir suchen
noch Fußball-
spielerinnen.
Die Mädchen
aus der 5a

Mark
ist doof!

Imperativ

10. Seht euch den Beispielsatz an und formt die Sätze um.

Auf dem See   kann   ich   segeln.

Ich   kann   auf dem See   segeln.

In der Eissporthalle Im Schwimmbad Auf der Kegelbahn Im Hallenbad Auf dem Reitplatz Auf dem Tennisplatz Auf dem Fußballplatz	kann kannst können könnt will willst will will will wollen wollt	ich du wir ihr ich du Kai er Kerstin sie wir ihr	schwimmen. kegeln. tauchen. Eishockey spielen. Tennis spielen. Rollschuh laufen. reiten.

12. Interviewe deine Klassenkameraden:
Was willst du heute von ... Uhr bis ... Uhr machen?

Beispiel:
Was willst du heute von 15.00 Uhr bis 17.00 Uhr machen?
Ich will auf dem See segeln.
Ich will im Freibad schwimmen.

Inversion und Modalverb

Klammer-stellung

Orts- und Zeitangabe

1 Liter Cola
1 Tüte Erdnüsse
1 Flasche Ketschup
1 Glas Frankfurter
1 Dose Kekse
1 Liter Apfelsaft
1 Kilo Kartoffeln
1 Pfund Möhren

Maßangaben

Daniel: Hallo, Sara,
was machst du denn hier?

Sara: Ich kaufe ein. Ich habe doch am Freitag Geburtstag.
Kommst du auch?

Daniel: Gerne, danke. Um wie viel Uhr denn?

Sara: Na, um vier. Zuerst essen wir Chips, Frankfurter mit
Ketschup und wir trinken etwas, Cola oder Saft oder so.
Dann gehen wir schwimmen und danach essen und
trinken wir wieder. Erdnüsse, Chips, Schokolade,
Süßigkeiten und Kuchen.

Daniel: Klingt klasse.

Sara: Ja – und abends spielen wir alle zusammen. Petra, Stefan
und Christina kommen natürlich. Vielleicht tanzen wir auch.

Daniel: O.K.! Wo wohnst du eigentlich genau?

Sara: Na, in der Goethestraße. Nummer 27 im zweiten Stock.

Daniel: Ach, natürlich – also dann am Freitag.

1 Cent

2 Cent

5 Cent

10 Cent

20 Cent

50 Cent

1 EURO

2 EURO

1.

😐 Was kaufst du?

😃 Ich kaufe …

😐 Wie teuer sind / Was kosten | die Erbsen / Gurken / Erdnüsse / Kekse?

😃 Sie kosten …

😐 Oh, die sind billig / preiswert / zu teuer. Die nehme ich (nicht).

😐 Wie teuer ist / Was kostet | die Schokolade / der Zucker / der Saft / das Eis?

😃 Der / das / die kostet …

😐 Oh, der / das / die ist billig / preiswert / zu teuer.
Den / das / die nehme ich (nicht).

€ = EURO

Demonstratives „der, das, die // die"

| in | an | auf | vor | hinter | neben | über | unter | zwischen |

☺ Wo ist …?	☻ … ist in / an / auf	dem …
☺ Wo liegt …?	☻ … ist über / hinter / unter	der …
☺ Wo steht …?	☻ … ist vor / neben / zwischen	den …

2. Frage nach den Lebensmitteln im Regal:

☺ Entschuldigung, wo	ist	der / das / die …?	
	sind	die …?	
☻ Links / rechts neben		dem / der / den …	
☺ Und wo	ist	der / das / die …?	
	sind	die …?	
☻ Über / unter		dem / der / den …	

Ortspräpositionen mit Dativ bei bestimmten Artikeln

der	**das**	**die**	**die**
Apfelsaft	Eis	Cola	Gummibärchen
Ananassaft	Salz	Sahne	Chips
Zucker	Würstchen	Schokolade	Kekse
Ketschup		Majonäse	Erdnüsse
			Kartoffeln
			Gurken

Stefan: Hallo, Petra, gehst du morgen auch zu Sara?

Petra: Ja – hast du schon ein Geschenk?

Stefan: Ja, sieh mal hier, ein Freundschaftsbuch.

Petra: Ein Freundschaftsbuch? Das ist eine gute Idee. Zeig mal – oh, das ist aber schön.

Stefan: Ich habe auch selbst so ein Freundschaftsbuch. Ein Geschenk von Mama. Hier.

Petra: Toll. Ich habe ein Poesiealbum. Schreibst du auch etwas in mein Poesiealbum, Stefan?

Stefan: Aber gerne. Und du schreibst in mein Freundschaftsbuch!

Mein Poesiealbum

In allen vier Ecken
soll Liebe stecken.

Jeden Tag zur Schule gehn,
find ich manchmal gar nicht schön.
Nur dass wir uns wiedersehn,
lässt mich trotzdem täglich gehn.

Überall weiß jedes Kind,
dass wir dicke Freunde sind.

Ich soll dir was ins Album schreiben
und weiß nicht was.
Dass wir gute Freunde bleiben,
wie gefällt dir das?

Ich kenne eine Rose,
die lacht immerzu
und diese eine Rose,
Sara, die bist du.

Du bist mein Glück,
du bist mein Stern,
auch wenn du weinst,
ich hab dich gern.

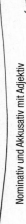

Nominativ und Akkusativ mit Adjektiv

Die neue Hose

Mutter: Na, Christina, was für eine Hose
möchtest du denn jetzt?

Christina: Na, so wie meine alte Hose – blau und eng.

Mutter: Da sind ja Hosen. Hier, die grüne Jeans ist schick.
Kauf doch die. Und eine Bluse brauchst du auch.

Christina: Aber Mama! Die grüne Hose mag ich nicht. Da, die rote,
die finde ich toll, die ist besser als meine alte blaue Hose.

Mutter: Sieh mal, hier! Hier ist eine weiße Bluse. Die grüne Hose
und die weiße Bluse – das sieht super aus.

Christina: Ich möchte die grüne Hose nicht. Ich möchte die rote
da. Die ist stark und kostet auch nur 40,00 EURO.

Mutter: Na gut. Und hier, die weiße Bluse, möchtest du die auch?

Christina: Wenn ich darf. Die ziehe ich dann morgen an, Sara
hat doch morgen Geburtstag.

Mutter: Zieh doch den blauen Rock an, den finde ich süß.

Christina: Aber Mama – ich ziehe doch keinen Rock an!

3. Lies den Text oben. Benutze andere Wörter:

Beispiel: Ich kaufe die grünen Schuhe.

der blaue Mantel		den blauen Mantel
das gelbe Hemd	Ich will / will	das gelbe Hemd
	Christina möchte / möchte	
die weiße Bluse	Mutter sehe / sieht	die weiße Bluse
	Sie kaufe / kauft	
die grünen Schuhe		die grünen Schuhe

Wer spricht mit wem?

😊 Herzlichen Glückwunsch, Sara.
   Hier ist mein Geschenk.

😊 Ich habe im Juli Geburtstag – du auch?

😊 Hier – die Schokoriegel sind lecker.

😊 Wo ist denn das Glas?

😊 Wer mag noch Gummibärchen?

😊 Trinkst du auch ein Glas Cola?

😑 Nein, ich habe doch im Januar!

😑 Keine Ahnung. Eben war es noch hier.

😑 Oh, ein Poesiealbum.
   Danke. Das ist ja toll.

😑 Ich – Gummibärchen kann ich immer essen.

😑 Nein danke, meine Zähne!

😑 Nein – ich darf nicht.
   Ich kann dann nicht schlafen.

G Tim der „King"

Modalverben

H 4. Frage deine Nachbarin / deinen Nachbarn:

| ☺ | Willst | du | mit uns Fußball spielen? |
| | Will | er / sie / Sara | |

😄 Ja gerne, aber
ich / er / sie muss noch ...!
Danach darf ich / er / sie
Fußball spielen.

😠 Nein, ich / er / sie
muss ...
Ich / er / sie darf nicht
mit uns Fußball spielen.

	♥ möchten	♥ können	⚡ müssen	♥ dürfen
ich	möchte	kann	muss	darf
du	möchtest	kannst	musst	darfst
er / es / sie	möchte	kann	muss	darf
wir	möchten	können	müssen	dürfen
ihr	möchtet	könnt	müsst	dürft
sie / Sie	möchten	können	müssen	dürfen

Was möchtest du, was kannst du nicht, was musst du erst, was darfst du dann?

Ich möchte gerne …

Er möchte gerne …

wir möchten gerne …

ich kann nicht …

er kann nicht …

wir können nicht …

ich muss erst …

er muss erst …

wir müssen erst …

dann darf ich …

dann darf er …

dann dürfen wir …

5. Frag deine Nachbarin / deinen Nachbarn: Was möchtest du gerne machen?
Was kannst du nicht machen?
Was musst du erst machen?
Was darfst du jetzt machen?

Lektion 3

6. Wann? Im … am … !

1. Wann ist — Weihnachten / Ostern / Neujahr / Karneval / dein Geburtstag?

2. Wann hat — dein Freund / deine Freundin / dein Bruder / deine Schwester / deine Mutter / dein Vater / deine Lehrerin / dein Lehrer Geburtstag?

3. Wann ist es — kalt / warm / heiß / eiskalt / kühl?

4. Wann kannst du — Rad fahren / schwimmen / Schlitten fahren / Ski laufen?

Datum

34   vierunddreißig

7. Welcher Text gehört zu welchem Bild?

①

F. Alle Kinder basteln Laternen. In der Laterne ist eine Kerze. Die Kinder singen und laufen mit den Laternen durch die Straßen.

B. Alle Kinder bekommen Eier. Sie müssen die Eier im Garten suchen. Es ist Frühling und nicht mehr so kalt.

. Der Weihnachtsmann ommt. Die Kinder acken die Geschenke us. Sie sagen ein edicht auf oder sie sin-en ein Lied. Es ist ein amilienfest im Winter.

⑥

③

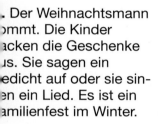

②

E. Die Kinder stellen Stiefel und Schuhe oder Teller vor den Kamin oder vor die Tür. In den Schuh legen sie den Wunsch- zettel. Die Kinder bekom- men Süßigkeiten.

⑤

A. Die Kinder tragen Sterne. Sie singen und bekommen Süßigkeiten. Es ist Winter in Deutschland und es ist sehr kalt.

D. Morgen beginnt das neue Jahr. Alle Kinder feiern mit Knallern. Das kostet viel Geld. In der Stadt ist ein großes Feuerwerk. Die Erwachsenen trinken Sekt und alle laufen um 24.00 Uhr auf die Straße.

④

Datum

Ostern

Willst du einen Hasen malen

fange an mit diesen Zahlen

ziehe Striche hin und her

auch die Löffel sind nicht schwer

Augen, Schnurrbart, Schnäuzchen, Schwanz

und schon ist dein Hase ganz!

Weihnachten

Was werden wir schenken?

Was schenken wir Mutter?
Ein seidenes Tuch!
Was schenken wir Vater?
Ein kluges Buch!
Was schenken wir Peter?
'nen hölzernen Schimmel!
Das Baby im Körbchen
bekommt eine Bimmel!
Was kriegt unsre Oma?
Ich glaub, sie liebt Seife!
Und Opa bekommt
guten Tabak zur Pfeife.

Wir schlachten das Sparschwein,
das ist ja nicht schwer.
und zählen die Zehner:
Drei Mark und nicht mehr!
Das wird wohl kaum reichen.
Was kann man bloß machen?
Am besten aus Pappe und Bast schöne Sachen!
Drum wolln wir die ganze Geschenkliste streichen
und machen für alle – Lesezeichen!

Christel Süßmann

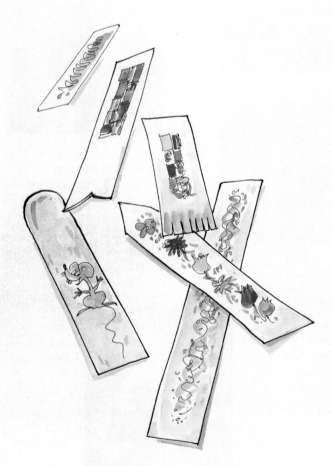

**8. Schaut mal ins Arbeitsheft.
Dort könnt ihr einen Hund aus zwei Zahlen
malen und ein Lesezeichen basteln.**

Wir essen Kartoffelsalat

1. Silvester essen viele Familien in Deutschland Kartoffelsalat mit Würstchen. Kartoffelsalat ist sehr einfach:

Ich brauche: 1 Kilo Kartoffeln, 1 Dose Möhren, 1 Glas Erbsen, 1 Glas Majonäse, Salz, Pfeffer, Öl und saure Gurken

Zuerst koche ich die Kartoffeln. Danach pelle ich sie.

3. Dann schneide ich die Kartoffeln in Scheiben. Jetzt kommen die Möhren und die Erbsen in die Schüssel.

4. Danach kommen Öl, Salz, Pfeffer und saure Gurken in die Schüssel.

Zum Schluss kommt die Majonäse dazu.

6. Noch besser schmeckt der Kartoffelsalat so: Ich koche zwei Eier hart, schneide sie klein und gebe sie dazu.

Guten Appetit!

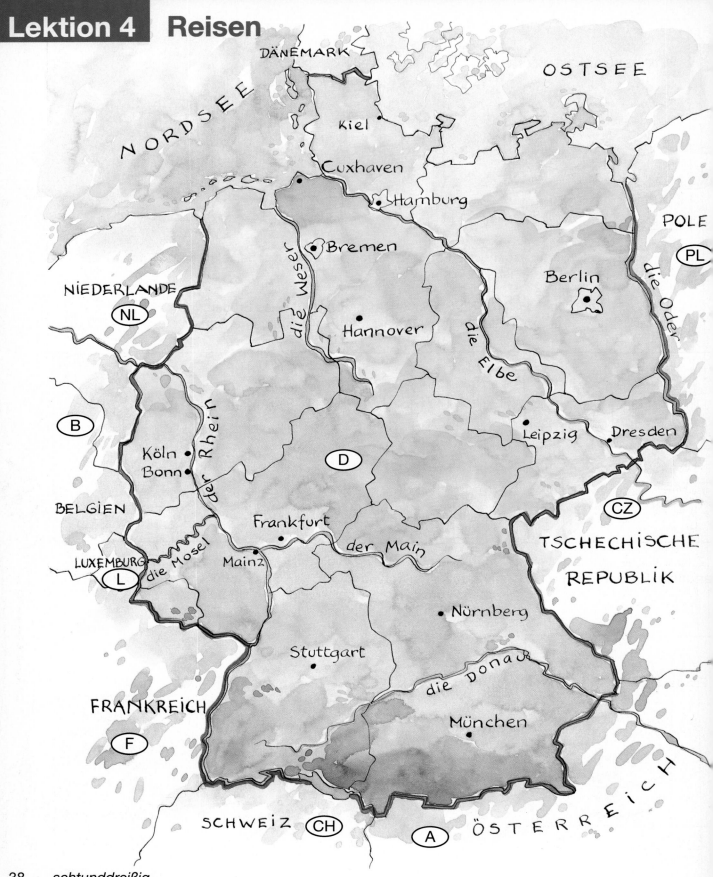

DÄNEMARK

OSTSEE

NORDSEE

Kiel

Cuxhaven

Hamburg

POLE

Bremen

die Weser

Berlin

PL

NIEDERLANDE

NL

Hannover

die Elbe

die Oder

B

Köln

der Rhein

Leipzig

Dresden

Bonn

D

CZ

BELGIEN

TSCHECHISCHE

Frankfurt

REPUBLIK

LUXEMBURG

die Mosel

Mainz

der Main

L

Nürnberg

Stuttgart

FRANKREICH

die Donau

F

München

SCHWEIZ CH

A ÖSTERREICH

Wer spricht mit wem?

Frage deine Nachbarin / deinen Nachbarn:

Wer	fährt	nach München? nach Österreich? an die Nordsee? nach Bremen?
	war bleibt	in München? in Köln?

☺ Wohin	fährt	Sara? Christina?	● Nach München. Nach Österreich. An die Nordsee. In die Alpen.

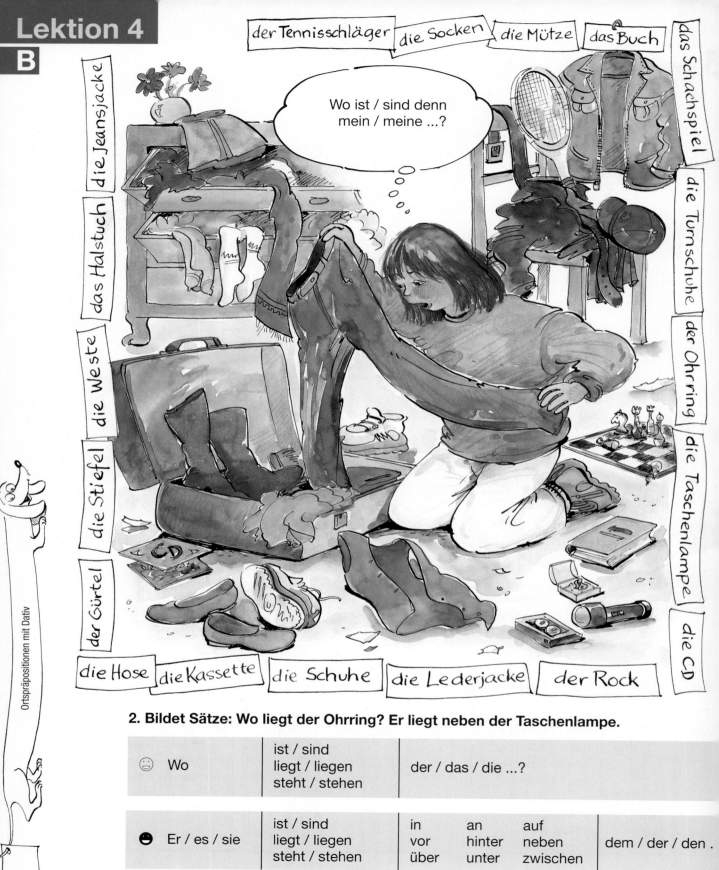

der Tennisschläger | die Socken | die Mütze | das Buch

das Schachspiel

die Jeansjacke

das Halstuch

die Weste

die Stiefel

der Gürtel

Wo ist / sind denn
mein / meine ...?

die Turnschuhe

der Ohrring

die Taschenlampe

die CD

die Hose | die Kassette | die Schuhe | die Lederjacke | der Rock

Ortspräpositionen mit Dativ

40   vierzig

2. Bildet Sätze: Wo liegt der Ohrring? Er liegt neben der Taschenlampe.

😊	Wo	ist / sind liegt / liegen steht / stehen	der / das / die ...?			

| 😀 | Er / es / sie | ist / sind
liegt / liegen
steht / stehen | in
vor
über | an
hinter
unter | auf
neben
zwischen | dem / der / den . |

Das ist der Koffer von Frau Krass   Das ist der Koffer von Petra

Mutter:	Petra, willst du deinen Kassettenrekorder mitnehmen?
Petra:	Nein, meinen Kassettenrekorder habe ich nicht. Ich glaube, Papa hat seinen.
Mutter:	Und deinen Tennisschläger? Hast du deinen Schläger dabei?
Petra:	Nein, Carola hat doch ihren Schläger. Bestimmt gibt sie mir ihren Schläger.
Mutter:	Aber deinen Koffer, den hast du doch?
Petra:	Klar, meinen Koffer brauche ich!

3. Jetzt frage du Petra:

Hast du deinen Rock im Koffer? Nein, meinen Rock ...

Hast du dein Kleid? ...

Hast du deine Bluse? ...

Hast du deine Schuhe? ...

4. Wer hat was? Ich habe meinen Ball. Sie hat ihre Uhr.

Schreibe auch solche Sätze im Akkusativ:

der	das	die	die	
meinen	mein	meine	meine	ich
deinen	dein	deine	deine	du
seinen	sein	seine	seine	er / es
ihren	ihr	ihre	ihre	sie
unseren	unser	unsere	unsere	wir
euren	euer	eure	eure	ihr
ihren	ihr	ihre	ihre	sie
Ihren	Ihr	Ihre	Ihre	Sie

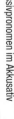

Possessivpronomen im Akkusativ

Himmelsrichtungen

5. Fragen, Fragen, Fragen!

☺ Wo ist ... in den Ferien?

☺ Was kann sie / er in ... machen?

☺ Was kann sie
in den Alpen
an der Nordsee / Ostsee
in den Bergen
in Berlin / Köln / Hamburg
im Zoo
am Rhein
zu Hause   machen?

☺ Wo liegt ...?

Und noch mehr Antworten!

😊 Sie / er	ist	an der Nordsee.
	in ...	
😊 Sie / er	kann	schwimmen / tauchen / segeln / angeln ...
😊 Im	Norden	von ... liegt ...
😊 Im	Osten	von
😊 Im	Süden	von ... liegen die Alpen.
😊 Im	Westen	von

im = in dem

Inliner fahren - schlafen - lesen -

zu Hause

fernsehen - Computer spielen -

in den Bergen

baden - tauchen - segeln -

schwimmen

spielen - tanzen -

in München

wandern - surfen - schwimmen -

bergsteigen - fotografieren -

an der See

spazieren gehen - einkaufen -

ins Museum/Konzert/Kino gehen -

6. Wo machst du Ferien?

An der See / In den Bergen / In München / Zu Hause.

Toll! Was kannst du denn da machen?

Ich kann zum Beispiel gut ...

Willst du in den Ferien nicht ...

Nein, ... macht mehr Spaß.

Aber ich mache lieber Ferien
an der See / in den Bergen / in München / zu Hause.

Warum?

Da kann ich gut ...

Stimmt.

„können" / „wollen" mit Verbklammer

Kunkels Dias

Herr Kunkel, Mathias,
hat dreitausend Dias
mit allem Komfort.
Für jede Reise
hat Kunkel Beweise
in Agfacolor.

Er war auf Mallorca,
er war auf Menorca,
er war auch auf Capri,
in Rom und Athen,
und alle Bekannten
und Onkel und Tanten
und armen Verwandten,
die sollen das sehn!

Kaum ist man bei Kunkel,
da macht er schon dunkel
und bittet um Ruhe
und dann legt er los.
Da sieht man im Bilde
die Gattin Mathilde
und Schwägerin Hilde
in lebensgroß.

Mal speisen sie Pizza
in Nizza, Ibiza,
mal sind sie zu Wasser,
mal sind sie zu Land,
und alle Bekannten
und alle Verwandten
die rufen ganz neidisch:
Hochinteressant!

Roswitha Fröhlich

··· Speisekarte ···

Lasagne

Pizza mit Ei

Spaghetti mit Tomatensoße

Salat mit Tomaten

Pizza mit Tomaten und Käse

Pommes

Fisch mit Pommes

Tomatensuppe

Eis

Obstsalat

Orangensaft

Coca

Apfelsaft

Limo

Wasser

7. Lies den Text. Was isst und trinkst du gern? Setze ein:

Beim Italiener

Mutter: Na, Stefan, was möchtest du essen?
Stefan: Ich weiß nicht, vielleicht eine Pizza mit Tomaten und Käse.
Mutter: Aber in Köln isst du doch auch immer Pizza mit Tomaten und Käse.
Iss doch mal Spagetti mit Tomatensoße oder Lasagne oder ...
Stefan: Ich mag aber am liebsten Pizza mit Tomaten und Käse!
Mutter: Na gut, und was möchtest du trinken – natürlich Cola,
genau wie in Köln.
Stefan: Stimmt! Cola.

8. Interviewe deine Nachbarin / deinen Nachbarn:

1. Was kostet eine Pizza mit Tomaten und Käse in deinem Land?
2. Was kostet eine Cola in deinem Land?
3. Was isst du / dein Freund / deine Freundin / dein Hund am liebsten?
4. Was isst du nicht so gern?
5. Wann gehst du ins (= in das) Restaurant?
6. Gehst du gern ins (= in das) Restaurant?
7. Mit wem gehst du ins Restaurant?
8. Was trinkst du am liebsten?
9. Isst du viel oder wenig im Restaurant?

„möchten" mit Verbklammer

Die Kinder der Klasse 5a sind in die Ferien gefahren.

Ein Junge ist zu Hause in Köln geblieben.

Sara	ist	mit dem Flugzeug	nach Italien	geflogen.
Daniel	ist	mit dem Auto	nach München	gefahren.
Tobias	ist	mit dem Zug	an die Nordsee	gefahren.
Helga	ist	mit dem Fahrrad	nach Koblenz	gefahren.
Stefan	ist sechs Wochen		in Köln	geblieben.
Julia	ist in den Ferien		in Bremen	gewesen.

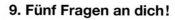

9. Fünf Fragen an dich!

1. Wohin bist du in den Ferien geflogen / gefahren?
   – Ich bin ...
2. Ist dein Freund in den Ferien zu Hause geblieben?
   – Nein, / Ja, er ist ...
3. Bist du einmal in den Ferien ins Kino gegangen?
   – Nein, / Ja, ich bin ...
4. Wann bist du gestern in die Schule gekommen?
   – Ich bin um ...
5. Wie bist du gestern in die Schule gekommen – mit dem Auto, mit dem Fahrrad oder zu Fuß?
   – Ich bin (mit) ...

Perfektbildung mit „sein"

Stefans Tagebuch

Hallo Tagebuch!

Hier in München ist es wirklich klasse. Das Wetter ist
spitze und ich bin schon zweimal im Deutschen Museum gewesen.
Ich bin immer den ganzen Tag im Museum geblieben. Aber heute
schreibe ich nur wenig. Ich bin gestern nämlich hier zu Hause bei
Tante Heike geblieben. Es war nichts los. Nur am Nachmittag ist
Karen gekommen – Tante Heikes Klavierschülerin – sie ist ganz
nett. Gestern Abend war ich dann mit Mutti beim Italiener. Die
Pizza war super, fast so gut wie in Köln. Später sind wir noch ins
Kino gegangen. Wir sind erst um 23.00 Uhr mit dem Taxi nach
Hause gefahren und um 24.00 Uhr bin ich ins Bett gegangen.
Das war ein toller Tag.

Gestern Nachmittag bin ich zu Heike
gegangen. Da ist ein Junge aus Köln gewesen –
der ist ganz süß. Er ist ein bisschen rot geworden.
Ich bin bis 18.00 Uhr bei Heike geblieben. Später ist
der Junge (ich glaube, er heißt Stefan) ins Kino
gegangen. Vielleicht sehe ich Stefan ja bald wieder.

10. Was steht im Tagebuch von Karen?

Perfektbildung mit „sein"

Köln, den 15. August 1998

Lieber Tobias,

heute muss ich dir wirklich schreiben. Wir sind in diesem Jahr in den Ferien ja in Italien gewesen. Drei Wochen sind wir am Mittelmeer geblieben. Es war super. Papa ist jeden Tag geschwommen und Mama ist kilometerweit gelaufen. Wir hatten jeden Tag Sonne und ich bin dunkelbraun geworden. Am letzten Dienstag sind wir im Hotel geblieben. Mama hatte einen Sonnenbrand. Mein kleiner Bruder Carlo ist geritten – aber einmal ist er vom Pferd gefallen. Wir sind sofort ins Krankenhaus gefahren, aber er ist nicht dort geblieben. Zum Glück ist es nichts Schlimmes gewesen!! Schreib bitte auch bald.

Liebe Grüße

Larissa

11. Schreibe den Brief anders!

in Griechenland in Spanien am Mittelmeer in der Türkei in Jugoslawien in Südfrankreich	2 / 4 / 5 Wochen 7 / 14 Tage	Montag Mittwoch Freitag Wochenende Sonntag Vormittag	auf dem Campingplatz in der Pension im Zeltlager in der Ferienwohnung im Bungalow

Perfektbildung mit „sein"

Ich bin

Du bist

Er / Es / Sie ist

Wir sind

Ihr seid

Sie sind

geflogen.

gefahren.

gelaufen.

gewesen   geblieben   geworden

Ferienerzählung

Bin auf den
höchsten Berg gestiegen.
Bin im tiefsten
Meer geschwommen.
Bin durch die
weiteste Ebene gefahren.
Bin unterm Apfelbaum gelegen,
hab meine Träume fliegen lassen:
Höher als die höchsten Berge,
tiefer als die tiefsten Meere,
weiter als die weitesten Ebenen.

Hans Manz

12. Schreibe deiner Freundin / deinem Freund eine Postkarte aus den Ferien!

A Auf dem Bahnhof

1. Um wie viel Uhr fährt der Zug ab?

2. Wohin fährt der Zug?

Abfahrt **9** **39** Hamm-Dortmund-Essen-Duisburg **Gleis 4**

etwa 30 Min. später **Düsseldorf**

3. Wie viele Minuten kommt der Zug zu spät?

4. Auf welchem Gleis fährt der Zug ab?

das Restaurant	das Parkhaus	der Blumenladen	das Telefon	die Damentoilette	die Bank	der Taxistand	der Friseur	die Post	das Fundbüro

„zu" mit Dativ

1. Wohin gehen sie? (zu dem = zum / zu der = zur)

1. Petra will Pizza essen. Sie geht ... Restaurant.

2. Herr Pohl möchte parken. Er fährt ... Parkhaus.

3. Du möchtest Blumen kaufen. Du gehst ... Blumenladen.

4. Sandra möchte telefonieren. Sie geht ... Telefon.

5. Deine Schwester muss schnell auf die Toilette. Sie geht ...Damentoilette.

6. Du musst Geld wechseln. Du gehst ... Bank.

7. Herr Erich sucht ein Taxi. Er geht ... Taxistand.

8. Deine Oma möchte eine neue Frisur. Sie geht ... Friseur.

9. Dein Brief muss schnell weg. Du gehst ... Post.

10. Dein Vater hat seinen Regenschirm verloren. Er geht ... Fundbüro.

Ansichtskarten – wer hat welche Karte geschrieben?

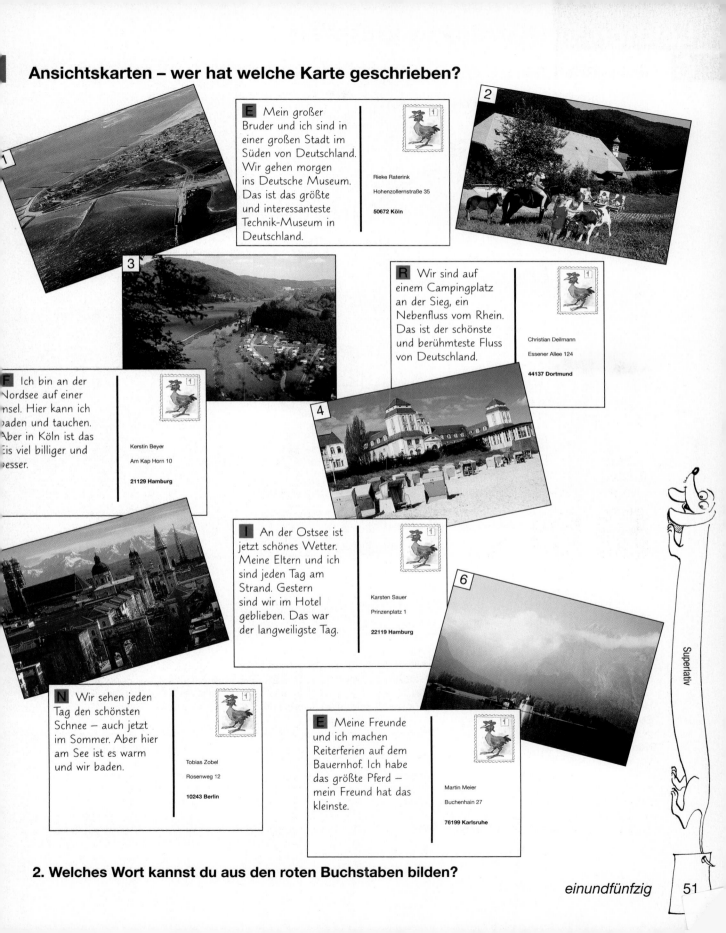

E Mein großer Bruder und ich sind in einer großen Stadt im Süden von Deutschland. Wir gehen morgen ins Deutsche Museum. Das ist das größte und interessanteste Technik-Museum in Deutschland.

Rieke Raterink
Hohenzollernstraße 35

50672 Köln

R Wir sind auf einem Campingplatz an der Sieg, ein Nebenfluss vom Rhein. Das ist der schönste und berühmteste Fluss von Deutschland.

Christian Deilmann
Essener Allee 124

44137 Dortmund

F Ich bin an der Nordsee auf einer Insel. Hier kann ich baden und tauchen. Aber in Köln ist das Eis viel billiger und besser.

Kerstin Beyer
Am Kap Horn 10

21129 Hamburg

I An der Ostsee ist jetzt schönes Wetter. Meine Eltern und ich sind jeden Tag am Strand. Gestern sind wir im Hotel geblieben. Das war der langweiligste Tag.

Karsten Sauer
Prinzenplatz 1

22119 Hamburg

N Wir sehen jeden Tag den schönsten Schnee – auch jetzt im Sommer. Aber hier am See ist es warm und wir baden.

Tobias Zobel
Rosenweg 12

10243 Berlin

E Meine Freunde und ich machen Reiterferien auf dem Bauernhof. Ich habe das größte Pferd – mein Freund hat das kleinste.

Martin Meier
Buchenhain 27

76199 Karlsruhe

Superlativ

2. Welches Wort kannst du aus den roten Buchstaben bilden?

Name:	Raterink	Name:	Deilmann	Name:	Zobel
Vorname:	Rieke	Vorname:	Christian	Vorname:	Tobias
Alter:	10	Alter:	11	Alter:	10
Straße:	Hohenzollernstraße 35	Straße:	Essener Allee 124	Straße:	Rosenweg 12
Ort:	50672 Köln	Ort:	44137 Dortmund	Ort:	10243 Berlin
Hobbys:	Tennis spielen, lesen	Hobbys:	Fußball spielen, fernsehen	Hobbys:	fotografieren, Tischtennis spielen
Suche:	Mädchen bis 12 Jahre	Suche:	Junge oder Mädchen bis 12 Jahre	Suche:	Junge oder Mädchen bis 14 Jahre

Name:	Beyer				
Vorname:	Kerstin				
Alter:	11	Name:	Sauer	Name:	Meier
Straße:	Am Kap Horn 10	Vorname:	Karsten	Vorname:	Martin
Ort:	21129 Hamburg	Alter:	11	Alter:	10
Hobbys:	reiten, Rad fahren	Straße:	Prinzenplatz 1	Straße:	Buchenhain 27
Suche:	Junge oder Mädchen bis 15	Ort:	22119 Hamburg	Ort:	76199 Karlsruhe
		Hobbys:	schlafen, Musik hören, Kuchen backen	Hobbys:	Computer spielen, fernsehen
		Suche:	Mädchen bis 11 Jahre	Suche:	Junge bis 11

Name:	Rosaria
Vorname:	Maria
Alter:	12
Straße:	Kieler Platz 15
Ort:	23556 Lübeck
Hobbys:	telefonieren, lesen
Suche:	Junge bis 15

Name:	Schleier
Vorname:	Stefanie
Alter:	9
Straße:	Messeweg 7
Ort:	30655 Hannover
Hobbys:	malen, Briefe schreiben
Suche:	Junge oder Mädchen bis 13

3. Rate mal!

☺ Wie heißt dein Brieffreund / deine Brieffreundin?

☻ Rate mal!

☺ Wie alt ist er / sie?

☻ ...

☺ Welche Hobbys hat er / sie?

☻ Seine / Ihre Hobbys sind ...

☺ Wo wohnt er / sie?

☻ In ...

☺ Dann heißt er / sie ...

☻ Richtig / Falsch.

Schreib einen Brief an die Autoren:
verlag@gilde.printmedia.de

Liebe Kerstin,

deinen Namen und deine Adresse habe ich aus der Zeitschrift Jo-Jo. Ich reite auch gerne und bin ein Jahr älter als du, nämlich 12. Ich war schon einmal in den Ferien in Hamburg. Schreib doch mal!

Deine Meike

Lieber Christian,

du kennst mich nicht. Ich schreibe aus Frankfurt. Deinen Namen habe ich aus der Jugendzeitschrift Jo-Jo. Fußball spiele ich auch gern und meine Lieblingsmannschaft ist Borussia Dortmund. Gehst du immer in Dortmund ins Stadion zu den Spielen? Schreib bitte bald.

Dein Sebastian

Perfektbildung mit „haben"

Absender:
Kerstin Hofmann, Bergstr. 1, 53216 Bonn

Kerstin Beyer
(Vorname)   (Nachname)

Am Kap Horn 10
(Straße)   (Hausnummer)

21129   Hamburg
(Postleitzahl) (Ort)

Salzburg, den

Liebe Christina,

vielen Dank für deinen Brief. Toll, dass in Köln auch
schönes Wetter ist. Hier in Österreich ist es klasse. Links
oben auf der Ansichtskarte ist unser Ferienhaus, es liegt
nicht im Ort. Meine Eltern gehen hier jeden Abend aus.
Der Ort ist unten rechts auf der Karte. Ich gehe lieber in die Disko.
Der Junge auf dem Foto heißt Sven. Er ist zwölf Jahre alt und ist
Österreicher! Ist er nicht süß? Wir sind zusammen im Kino gewesen und haben
auch schon einmal Eis gegessen. Mit viel Sahne! Morgen wollen wir vielleicht
zusammen schwimmen gehen.
Was ich sonst mache?
Baden, wandern (manchmal), ins Kino gehen, „Kaiserschmarrn" essen, Cola
trinken, mit Sven reden und Unsinn machen.
Gestern haben wir Papas Brille versteckt, das war total lustig. Wir haben sie
in den Kühlschrank gelegt. Er hat gesucht und gesucht – wir haben gelacht!
Mama hat die Brille schließlich gefunden. Papa war sauer, weil Mama und er
zu spät ins Konzert gekommen sind. Du weißt ja, Spaß muss sein.

Viele liebe Grüße aus Österreich,

deine beste Freundin

F

Eine Interviewerin von Radio Aktiv will wissen, wie Maren ihre Ferien verbringt:

Interviewerin: Sag mal Maren, du hast ja auch noch Ferien.

Maren: Ja, aber ich fahre nicht weg, wir fahren nie weg, wir bleiben immer hier!

Interviewerin: So, so, ihr fahrt nie weg und sitzt immer hier? Dein Bruder fährt auch nicht weg?

Maren: Nein, natürlich nicht. Mein Bruder sieht fern und ich sehe fern oder wir sehen zusammen fern. Nicht wahr, Tom?

Interviewerin: Aber ist das nicht langweilig? Hier nur sitzen und fernsehen?

Maren: Na hör mal, ich schlafe auch oder esse ein Eis. Ich sammle Briefmarken und schreibe gerne Briefe. Manchmal lese ich auch. Mein Bruder isst auch gern Eis und schläft oft! Er liest aber selten. Nun sag doch auch mal etwas, Tom!

Tom: Ich habe keine Zeit. Ich muss fernsehen.

Interviewerin: Ah, interessant. Aber weißt du, Maren, du fährst nie weg, ihr seht fern und ihr lest kaum – ich finde das stinklangweilig!

Maren: Was? Du findest uns langweilig? Tom, bitte!

Tom: Was? Lasst mich in Ruhe! Der Film ist gerade so spannend!

Maren: Na bitte, ist das langweilig?

unregelmäßige Verben im Präsens

G

DEUTSCHLAND D BERLIN

4. Was weißt du über Deutschland? Sieh in die „Länderkiste" und erzähle:

In der Länderkiste Deutschland ist / sind ...
Die Hauptstadt heißt ... Die Nationalfarben sind ...
Das Autokennzeichen ist ein ...

die Lederhose, das Fußballbild, die Fabrik, die Märchen, die Kartoffeln, das Auto, das Brot, der Tennisschläger, der Kölner Dom, das Musikheft

5. Könnt ihr auch eine Länderkiste für euer Land bauen?

Deutschland ist interessant! Warum?!

Deutschland ist interessant, weil ...

In Deutschland kennen alle Boris Becker, weil ...

Viele Touristen fahren nach Köln, weil ...

Ich fahre nach Deutschland, weil ...

Berlin ist eine interessante Stadt, weil ...

Fußball ist in Deutschland ein Volkssport, weil ...

Ich mag Deutschland, weil ...

... es in Deutschland über 450 Brotsorten gibt.

... die Grimmschen Märchen aus Deutschland kommen.

... sie die Hauptstadt von Deutschland ist.

... dort der Kölner Dom steht.

... dort das Brandenburger Tor steht.

... Deutschland schon Weltmeister im Fußball war.

... Fußball ein spannendes Spiel ist.

... er einmal die Nummer 1 in der Tennis-Weltrangliste war.

... in Deutschland viele Fabriken sind.

... es hier gute Autos gibt.

Weil-Sätze

Ein Telefongespräch

Sara telefoniert mit Helga. Sara ist auf Sylt in einer Telefonzelle, Helga ist in Köln:

Sara: Hallo Helga, ich bin es. Wir sind hier auf Sylt.

Helga: Toll, wie ist denn das Wetter?

Sara: Das Wetter ist spitze. Gestern waren wir am Strand und heute wollen wir Eis essen gehen. Und was machst du so?

Helga: Ach – ich bin oft im Freibad, gestern Abend war ich mit Carsten im Kino. Süß!

Sara: Wer? Der Film?

Helga: Blödsinn – Carsten natürlich.

Sara: Ach, das ist ja interessant. Du musst mir alles erzählen. Versprochen?

Helga: Versprochen – bis dann, Sara!

Sara: Tschüs, Helga, und schöne Grüße an den süßen Carsten!

Helga: Du bist gemein ...

tüüüt, tüüüt, tüüüt

Ein Fax

Daniels Vater schickt ein Fax an Herrn Krause. Ein Fax ist viel schneller als ein Brief.

Lieber Peter,
hier in Ettal ist es ganz toll. Gestern haben wir Eis gegessen und heute Morgen bin ich im Freibad geschwommen. Carla und ich haben schon mindestens zehn Ausflüge gemacht – alte Schlösser, Klöster, Kirchen und so. Ich habe auch schon Bekannte getroffen. Wir haben zusammen ein Konzert gehört. Carla hat ein paar Souvenirs gekauft, Gläser und Glasfiguren. Willst du mir auch ein Fax schicken? Die Fax-Nummer vom Hotel ist 0 88 22 / 1 89-15.

Herzliche Grüße
Rainer

Perfektbildung mit „haben" und „sein"

Wir bauen ein Telefon:

Das brauchst du:

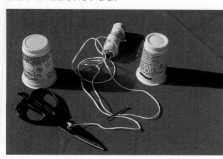

zwei Jogurtbecher
und einen
Bindfaden und
einen Nagel

Zuerst bohrst
du mit dem
Nagel ein Loch
in den Boden
von den zwei
Jogurtbechern
– so:

Jetzt ziehst du
den Bindfaden
durch das Loch
im Boden – so:

Nun musst du in den Bindfaden
zwei Knoten machen – so:

Danach ziehst du den Bindfaden
straff – so:

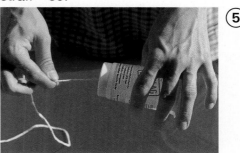

Jetzt kannst du mit dem
Telefon telefonieren.
Achtung, der Bindfaden
muss immer straff sein!

Akkusativ mit bestimmten Artikeln

Petras 1. Ferientag

Im Sommer fahren wir immer an die Ostsee, meistens im Juli oder im August.
Wir mieten dort ein Ferienhaus. Vati hat es schon im April gemietet, das ist
billiger.
Diesmal sind wir am 27. Juli hier in Wittmund angekommen, das war am
Dienstag. Zuerst bin ich wie immer zum Strand gegangen. Danach habe ich
meine Koffer ausgepackt.
Später sind wir in einem Restaurant im Ort gewesen. Um 21.00 Uhr bin ich
ins Bett gegangen.

Charlottes Ferientage

Um 5.40 Uhr aufstehen	–	bin / ist aufgestanden
Um 6.03 Uhr erstes Ei legen	–	habe / hat gelegt
Um 6.10 Uhr Würmer sammeln	–	habe / hat gesammelt
Um 6.20 Uhr den Hahn wecken	–	habe / hat geweckt
Um 6.30 Uhr Würmer sammeln	–	habe / hat gesammelt
Um 7.00 Uhr schlafen	–	habe / hat geschlafen
Um 8.34 Uhr in der Sonne liegen	–	habe / hat gelegen
Um 12.00 Uhr im Sand baden	–	habe / hat gebadet

Perfektbildung mit „haben" und „sein"
Perfektbildung trennbarer Verben

Petras letzter Ferientag

Heute bin ich traurig. Morgen fahren wir zurück nach Köln. Ich habe schon mein
Zimmer aufgeräumt und zum letzten Mal mein Bett gemacht. Meinen Koffer
habe ich noch nicht gepackt. Gestern habe ich sogar ein bisschen geweint.
Aber in Köln ist es auch schön. Übermorgen fängt die Schule an und dann sehe
ich alle meine Klassenkameraden wieder.

Daniels Fotoalbum

⇐ Das bin ich vor der Schule. Das war im Herbst, im Oktober glaube ich. Ihr seht mich und zwei Mädchen aus der Klasse 4b.

⇒ Das ist mein großer Bruder. Hier seht ihr ihn vor einem Bauernhaus. Es ist ein Fachwerkhaus. Das war im Mai.

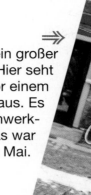

⇐ Es hat geschneit und meine Kusine trägt ihre neue Wollmütze.

⇐ Das bin ich mit einem Sack Kartoffeln. Ich bin vor dem Blumenstand. Es ist Frühling.

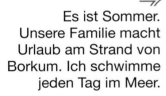

⇒ Es ist Sommer. Unsere Familie macht Urlaub am Strand von Borkum. Ich schwimme jeden Tag im Meer.

Wer? / Nominativ	Wen oder Was? / Akkusativ	Erinnerst du dich?
ich	mich	
du	dich	
er	**ihn**	er = ih**n**
es	es	der = de**n**
sie	sie	
wir	uns	
ihr	euch	
sie	sie	
Sie	Sie	

Personalpronomen im Akkusativ

A Was tun Petra und ihre Freunde?

Ich möchte heute zum Fußballspiel FC Köln gegen Borussia Dortmund gehen. Der FC Köln muss gewinnen.

Ich möchte ein neues Buch aus der Bibliothek holen. Ich will mehr über Computer wissen.

Ich habe eine Theaterprobe. Am Freitag ist das Schulfest und ich soll die Hauptrolle spielen.

Ich möchte ins Kino gehen. Ich will den neuen Musikfilm „Die Piloten" sehen.

Heute Nachmittag will ich in den Freizeitpark fahren. Da kann ich richtig Spaß haben.

1. Was können Petra und ihre Freunde noch tun?

Petra	fernsehen / schwimmen gehen
Daniel	Rad fahren / ein Konzert besuchen
Stefan	einen Krimi lesen / Radio hören
Christina	Karten spielen / basteln
Sara	

Beispiel:
Sara möchte gern fernsehen.
Daniel ...

2. Was tust du in der Freizeit?

In meiner Freizeit	spiele	ich	gern	Basketball.
Wenn ich Zeit habe,	fahre	ich	oft	Fahrrad.
Am liebsten	...	...	...	...

Was machen wir heute?

Petra und ihre Freunde haben heute schulfrei. Sie wollen etwas unternehmen.

Petra: Also, was machen wir heute? Habt ihr einen Vorschlag?

Daniel: Lasst uns ins Kino gehen. Im Bambi läuft der neue Musikfilm „Die Piloten".

Sara: Ach, den Film kenne ich schon.

Christina: Ich auch.

Sara: Ich habe eine Idee. Wir können ins Schwimmbad fahren.

Stefan: Nicht schon wieder Sport. Wir können auch bei mir Musik hören. Ich habe die neue CD „Die Piloten live".

Christina: Aber das Wetter ist so schön. Da können wir nicht den ganzen Tag im Haus bleiben. Hast du eine bessere Idee, Petra?

Petra: Ich weiß etwas. Wir gehen zum Sagapark!

Stefan: Sagapark? Was ist denn das?

Petra: Das ist der neue Freizeitpark in Köln.

Daniel: Was können wir da machen?

Petra: Du kannst Karussell fahren und in den Wildpark gehen. Du kannst aber auch auf Ponys reiten und viele andere Dinge tun.

Stefan: Gibt es im Sagapark auch etwas zu essen?

Petra: Klar! Es gibt viele Restaurants, eine Eisdiele und einen Schnellimbiss.

Stefan: Das klingt gut.

Sara: Meine Cousine kennt den Park. Sie findet ihn toll. Die Achterbahn ist klasse. Ich möchte in den Sagapark gehen.

Petra: Wer will in den Sagapark gehen? Alle? O.K., dann gehen wir in den Sagapark.

Daniel: Wann gehen wir los?

Sara: Um halb zwölf. Die Straßenbahn fährt zum Sagapark. Sie fährt genau um halb zwölf ab.

Trennbare Verben im Hauptsatz / Modalverben

Herzlich willkommen im **K**inder- und **F**amilien-**F**reizeitparadies!
Hier gibt es viele **A**ttraktionen für **G**ross und **K**lein.
Hier könnt ihr für wenig **G**eld viel erleben.
Kommt zur **K**rokodil-**S**how im **S**afaripark, fahrt mit
der **W**ild-**W**est-**E**isenbahn in die **B**erge. **O**der geht gemeinsam
mit **H**änsel und **G**retel zum **H**exenhaus. **W**ir warten auf euch!

Raubtier-
fütterung:
17 Uhr

SAGAPARK

EIS

Präpositionen + Dativ

Modalverben

Petra:	Gib bitte mal den Plan vom Sagapark, Daniel.
Daniel:	Hier hast du ihn.
Petra:	Danke. Wohin gehen wir zuerst?
Sara:	Zum Aussichtsturm. Da können wir den Park von oben sehen.

Christina:	Ach nein. Wir fahren mit dem Wild-West-Zug zum Safaripark. Da können wir die Krokodile sehen.
Petra:	Wo ist der Safaripark auf dem Plan? Ich finde ihn nicht.
Stefan:	Bei der Oldtimer-Rennbahn. Auf dem Plan links.

Petra:	Danke! Da steht Raubtierfütterung um 17.00 Uhr. Da haben wir noch viel Zeit.
Daniel:	Ich möchte zur „Santa Maria" gehen.
Christina:	„Santa Maria"? Was ist denn das?
Daniel:	Das ist der Name von einem Schiff.
Christina:	Ach so!

Daniel:	Die „Santa Maria" ist das Schiff von Christoph Columbus. Er hat Amerika entdeckt.
Stefan:	Das Schiff gibt es noch?
Daniel:	Nein, das Schiff ist eine Kopie.
Petra:	Na gut, dann gehen wir zuerst zur „Santa Maria".

3. Wohin möchtest du zuerst gehen?

Du bist Daniel. Deine Nachbarin ist Petra.

Daniel:	Wohin gehen wir zuerst?
Petra:	Ich möchte zuerst zu ... gehen.
Daniel:	Ach nein, lass uns lieber zuerst ...
Petra:	Na gut, dann ...

zu der	=	zur
zu dem	=	zum

der Aussichtsturm	der Safaripark
die Oldtimer-Rennbahn	der Oldtimer
die Santa Maria	die Achterbahn
die Eisbude	

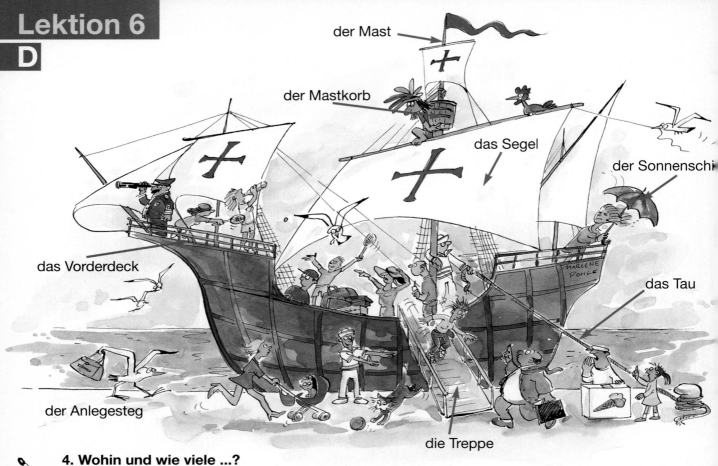

der Mast

der Mastkorb

das Segel

der Sonnenschi

das Vorderdeck

das Tau

der Anlegesteg

die Treppe

4. Wohin und wie viele ...?

Wohin

geht / läuft / fliegt / springt / rennt / rollt / sieht / wirft	**der**	dicke Mann? Kapitän? Kinderwagen? Eisverkäufer? Indianer? Vogel mit der Handtasche?
	das	Mädchen mit dem Regenschirm? Kind mit der roten Baseballmütze? Huhn Charlotte?
	die	Frau mit dem Hut? Katze mit dem Ball? Frau mit den Rollschuhen? Sportlerin mit der Flasche?

Beispiel:
Er geht auf das Schiff.
Der Kapitän sieht über das
Meer.
Es läuft ...

an	unter	über	der / den
auf	neben		das / das
vor	hinter	zwischen	die / die
in			

Präpositionen und Fragepronomen

Wie viele | Männer / Frauen / Kinder / Vögel / Bälle / Schirme / Hüte / Mützen / Flaschen / Kameras ... | siehst du?

Im Safaripark

Große Fütterung

Liebe Besucher,

Willkommen im Safaripark. Hier können Sie viele
Tiere in der Natur sehen. Es gibt keine Käfige. Die
Tiere laufen frei herum. Steigen Sie bitte in die
Safaribahn ein. Die Bahn fährt zuerst zu den
Raubtieren und zu den Krokodilen. Die Löwen,
Tiger und Panter füttern wir um 17.00 Uhr, die
Krokodile um 17.15 Uhr.
Die Safaribahn hält an den Futterplätzen. Bitte
steigen Sie nicht aus und schließen Sie immer die
Türen und Fenster. Viele Tiere sind gefährlich!!!
Bei den Seehunden halten wir 15 Minuten. Dann
fährt die Bahn weiter zu den Bären, den Kamelen,
den Lamas und den Elefanten. Schlangen können
Sie im Schlangenhaus
sehen.
Wir wünschen eine gute Fahrt.

Sara und ihre Freunde sind im Safaripark
angekommen. Die Tiere laufen frei herum.
Die Kinder steigen in die Safaribahn ein.
Die Bahn fährt los. Alle sehen aus den
Fenstern. Jeder will zuerst ein Tier
entdecken.

Stefan:	Da! Ein Löwe?
Petra:	Wo? Ich sehe nichts!
Stefan:	Da, unter dem Baum links.
Christina:	Ja, ich sehe ihn. Da sind noch mehr Löwen.
Daniel:	Wie viele siehst du?
Christina:	Warte! Ich sehe einen ... zwei ... drei Löwen. Und da ist auch ein Baby vor dem Felsen! Ein richtiges Löwenbaby!
Sara:	Ist das süß! Da sind auch die Panter. Ein Panter sitzt auf dem Baum da vorn.
Stefan:	Ja, den sehe ich auch. Panter können ja klettern. Können Löwen auch klettern?
Sara:	Ja, das glaube ich schon.
Daniel:	Die Bahn hält. Jetzt füttert der Wärter die Tiere.

Präpositionen + Zeitpunkt

Präpositionen mit Dativ

5. Woher kommen die Tiere?

Präpositionen des Ortes mit Dativ
Plural der Wildtiere

Elefanten
Kängurus
Zebras
Tiger
Löwen
Lamas
Hirsche
Büffel
Affen
Wildschweine
Emus
Krokodile
Schlangen
Nilpferde
Giraffen
Bären

... kommen aus ...
... leben in ...

Afrika.
Asien.
Australien.
Europa.
Amerika.

Fantasietiere

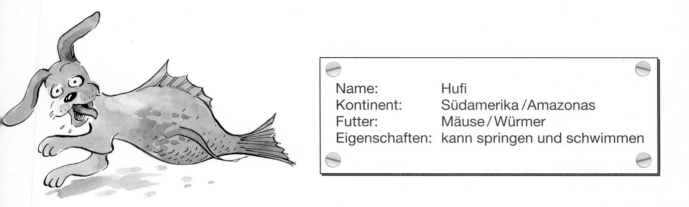

```
Name:          Hufi
Kontinent:     Südamerika /Amazonas
Futter:        Mäuse / Würmer
Eigenschaften: kann springen und schwimmen
```

Das ist ein Hufi. Der Hufi lebt in Südamerika. Man findet ihn oft am Amazonas. Auf dem Land frisst der Hufi Mäuse. Im Wasser frisst er Würmer. Er kann weit springen. Im Wasser schwimmt er sehr schnell.

```
Name:          Pfebär
Kontinent:     Amerika
Futter:        Gras / Insekten
Eigenschaften: ist schnell und stark
```

Das ist ein Pfebär. Der Pfebär lebt in Amerika. Er frisst Gras und Insekten. Mit den Hinterbeinen kann er schnell laufen. Mit den Vorderbeinen gräbt er nach Insekten und Wurzeln.

6.
Welche Tiere fallen euch ein?

Wo leben sie?

Was fressen sie?

Welche Eigenschaften haben sie?

G Der Märchenwald

Im Sagapark gibt es auch einen Märchenwald. Da können die Kinder Hänsel und Gretel, die Hexe, den Wolf, das Rotkäppchen und viele andere Personen und Tiere sehen.

7. Was gehört zusammen?

1. Ein Mädchen schläft 100 Jahre.

2. Eine Prinzessin küsst einen Frosch.

3. Ein Wolf frisst eine Großmutter und ein Mädchen.

4. Zwei Kinder suchen den Weg aus dem Wald und finden ein Haus.

5. Vier Tiere machen zusammen Musik.

6. Eine Königin hat einen Zauberspiegel.

A. Rotkäppchen

B. Schneewittchen

C. Die Bremer Stadtmusikanten

D. Der Froschkönig

E. Dornröschen

F. Hänsel und Gretel

Rotkäppchen

Ein kleines Mädchen hat eine rote Mütze, ein rotes Käppchen. Darum rufen es alle nur das „Rotkäppchen".

Die Großmutter von Rotkäppchen ist heute sehr krank. Sie liegt im Bett. Großmutter wohnt nicht in der Stadt, Großmutter wohnt im Wald. Der böse Wolf
5 wohnt auch im Wald.

Heute sagt Rotkäppchens Mutter: „Rotkäppchen, hier ist Kuchen und Wein. Geh zu Großmutter. Sie ist krank, sie liegt im Bett. Aber vergiss nicht, der Wolf ist im Wald! Sei vorsichtig!"

Im Wald sind schöne Blumen. Rotkäppchen denkt: „Großmutter freut sich. Ich
10 pflücke ein paar Blumen für sie!"

Der Wolf beobachtet Rotkäppchen hinter den Bäumen. Da hat er eine Idee. Schnell läuft er zu Großmutter. Er ruft: „Ich bin es, Rotkäppchen!"

Die Großmutter antwortet: „Komm herein, ich bin im Bett!"

Der Wolf läuft zum Bett und „happs" – frisst er die Großmutter!
15 Der Wolf zieht das Nachthemd an und setzt die Nachtmütze von Großmutter auf. Jetzt liegt nicht die Großmutter im Bett, jetzt liegt dort der böse Wolf. Aber er hat die Kleider von Großmutter an.

Rotkäppchen kommt. Sie ruft: „Ich bin es, Rotkäppchen! Ich habe Blumen, Kuchen und Wein!"
20 Der böse Wolf antwortet: „Komm herein, ich bin im Bett!"

Rotkäppchen geht zum Bett. Die Großmutter sieht sehr krank aus. Rotkäppchen fragt:

„Großmutter, warum hast du so große Ohren?"

„Damit ich dich besser hören kann!"
25 „Großmutter, warum hast du so große Augen?"

„Damit ich dich besser sehen kann!"

„Aber Großmutter, warum hast du so einen großen Mund?!"

„Damit ich dich besser fressen kann!" – und „happs" – frisst der böse Wolf das Rotkäppchen.
30 Der Wolf ist jetzt sehr müde. Er schläft ein und schnarcht.

Der Jäger ist auch im Wald. Er hört den Wolf schnarchen und denkt: „Nanu, Großmutter ist krank. Aber sie schnarcht doch nicht so laut!"

Er macht die Tür auf. Der böse Wolf liegt im Bett von Großmutter!

Er ist sehr dick. „Ha", denkt der Jäger, „Großmutter ist im Bauch!"
35 Er schneidet den Bauch auf. Da kommen Großmutter und Rotkäppchen heraus. Sie rufen: „Hurra, wir sind gesund!" Jetzt essen alle den Kuchen und der Jäger trinkt den Wein.
38 Und der böse Wolf? – Ja, der ist tot!

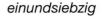

8. Wir feiern eine Party!

Daniel feiert eine Party. Zuerst macht er ein Programm. Was können die Freunde unternehmen?

Sie können   ins Schwimmbad gehen
Rollschuh laufen
Fußball spielen
ins Kino gehen
Kuchen essen
Karten spielen
Musik hören
etwas basteln
...

Hast du noch mehr Ideen?

Hier ist Daniels Einladung:

Liebe Christina,

am Samstag, dem 2. August feiere ich eine Party. Ich lade dich dazu ein.
Komm bitte am Samstag um 15.00 Uhr.
Hier ist das Programm:

Um 15.00 Uhr gibt es Kakao und Kuchen.
Um 16.00 Uhr machen wir Spiele.
Um 17.00 Uhr gehen wir ins Kino. Wir wollen den Film „Das Dschungelbuch" ansehen.
Um 19.00 Uhr fahren wir wieder zurück.
Um 19.30 Uhr gibt es Abendessen.
Mein Vater fährt dich um 20.00 Uhr nach Hause.

Kommst du? Antworte bitte bis Samstag, den 20. Juli.

Daniel

Präpositionen + Zeitpunkt

9. Du bist Daniels Vater. Dein Nachbar ist Daniel. Frage ihn:

Vater:	Wer kommt zur Party, Daniel?
Daniel:	Alle meine Freunde. Sara, Christina ...
Vater:	Wann esst ihr Kuchen?
Daniel:	Um 15.00 Uhr gibt es ...
Vater:	Was tut ihr dann?
Daniel:	Um ...
Vater:	Wollt ihr nicht ins ...?
Daniel:	Ja, ...
Vater:	Welchen Film ...?
Daniel:	Wir sehen ...
Vater:	Gut. Wie kommt ihr ins ...?
Daniel:	Mama fährt uns ...
Vater:	Wann holt sie ...?
Daniel:	Am besten um ...
Vater:	Was macht ihr dann?
Daniel:	Dann...
Vater:	Wann muss ich die Kinder nach Hause ...?
Daniel:	Um ...

10. Wie sieht deine Geburtstagsparty aus? Schreibe eine Einladung für deine Freunde!

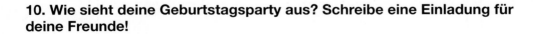

Fragefürwörter

Lektion 7 Musik & Mehr

A Radio Aktiv

Sara:	Schnell, stell das Radio an, Daniel. Heute kommt das Interview mit den Piloten.
Daniel:	Auf welchem Sender?
Sara:	Radio Aktiv.

Ansager: Achtung Musikfreunde! Die Piloten machen gerade eine Tournee durch Deutschland. Heute sind sie in Köln und Radio Aktiv hat sie eingeladen. Sie sind hier live im Studio – hallo, alle zusammen!

Alle: Hallo!
Ansager: Schön, dass ihr im Studio seid. Stellt euch kurz vor.

Pit: Ich bin Pit. Ich spiele Gitarre.
Bobo: Ich bin Bobo und ich spiele Schlagzeug.

Ansager: Was heißt Bobo?
Bobo: Das ist mein Vorname. Ich heiße Robert.
Anna: Ich bin Anna. Ich spiele das Keyboard.
Marc: Und ich heiße Marc. Ich singe.
Uli: Mein Name ist Uli. Ich spiele die Bassgitarre bei den Piloten.
Lena: Ich heiße Lena. Ich spiele auch Gitarre.

Ansager: Wo seid ihr schon gewesen?
Uli: Am Samstag waren wir in Frankfurt, am Montag in Düsseldorf und heute sind wir in Köln.

Ansager: Jawohl, live bei Radio Aktiv. Erzählt von eurem neuesten Hit.
Anna: Er heißt „Schulfrei".
Marc: Ich habe den Text geschrieben; die Musik haben wir alle zusammen gemacht.

Ansager: Warum heißt das Lied „Schulfrei"?
Bobo: Gibt's was Besseres als schulfrei?

Ansager: Aber ja! Den Hit „Schulfrei"!

Perfekt mit haben und sein

Schulfrei

Es ist Montag, erste Stunde,
wir sehen in die Runde
und fragen uns dabei:
Wann haben wir wieder frei?

Schulfrei ist so schön im Leben –
Der Direktor muss uns schulfrei geben.

✲

Zur Schule gehen wir gern,
aber lieber sehen wir fern.
Was ist denn schon dabei?
Wir haben gerne frei!

Schulfrei ist so schön im Leben –
Der Direktor muss uns schulfrei geben.

✲

Warum müssen wir so viel lernen
von Tieren, Menschen und von Sternen?
Das wird uns viel zu viel –
Freizeit ist doch unser Ziel!

Schulfrei ist so schön im Leben –
Der Direktor muss uns schulfrei geben.

✲

Heute ist die Schule aus,
alle Schüler rennen 'raus.
Nur die Lehrer bleiben da –
Heute haben wir frei, hurra!

Schulfrei ist so schön im Leben –
Der Direktor hat uns frei gegeben.

Starporträt

Heute: Bobo von den „Piloten"

Name:	Bobo heißt richtig Robert Götz. Aber er mag Bobo lieber.
Band:	Die Piloten.
Geburtstag:	Er hat am 16. Juli Geburtstag.
Schule:	Bobo ist in Kassel zur Schule gegangen.
Ausbildung:	Nach dem Abitur hat Bobo in München Musik studiert. Dort hat er Marc, Anna und Uli getroffen. Lena und Pit sind später zu den Piloten gekommen.
Instrument:	Bei den Piloten spielt Bobo Schlagzeug, aber er kann auch Gitarre und Klavier spielen.
Hobbys:	Musik, Musik, Musik, Fahrrad fahren und kochen.

Perfekt mit haben und sein

Fragefürwörter

1. Interview

Sara will wissen, ob Stefan alles über Bobo weiß. Sie fragt ihn. Du bist Sara, dein Nachbar ist Stefan:

Sara:	**Wie** heißt Bobo richtig?
Stefan:	Richtig heißt er ...
Sara:	**Wann** hat ...?
Stefan:	Am ...
Sara:	**Wo** ist ...?
Stefan:	Er ...
Sara:	**Was** hat ...?
Stefan:	...
Sara:	**Wen** hat er in München ...?
Stefan:	...
Sara:	**Welches** Instrument ...?
Stefan:	Er spielt ...
Sara:	**Welche** Instrumente ...?
Stefan:	Er kann auch ...

Fan sein ist schwer

EIN BERICHT VON UNSEREM REPORTER THOMAS JÄSCHKE

Viele Fans stehen vor der Konzerthalle. Alle wollen die Piloten hören. 15 000 Karten haben die Fans schon gekauft. Das Warten ist nicht langweilig. Überall gibt es die neuen CDs von den Piloten. Sogar T-Shirts und Piloten-Kappen haben die Fans hier gekauft.

Sara und Stefan sind zwei Fans. „Ich habe die Piloten im Fernsehen schon oft gesehen!" sagt Stefan. „Jetzt will ich die Band live sehen."

Man sieht viele Fans wie Sara und Stefan. Sie sind zehn, elf oder zwölf Jahre alt. Sara meint: „Ich habe viele Artikel in der Jo-Jo gelesen, weil die Piloten so toll sind. Ich habe schon alle Hits im Radio gehört. Ist Marc nicht süß? Ich habe hier zwei Stunden gewartet. Jetzt habe ich endlich eine Eintrittskarte gekauft."

Endlich fängt das Konzert an. Die Band kommt. Alle Fans im Saal schreien laut und klatschen.

Marc nimmt das Mikrofon. Er begrüßt die Fans: „Hallo, meine Freunde. Toll, dass wir in Köln spielen können. Wir haben ein neues Lied geschrieben. Es heißt ‚Schulfrei'. Hier ist es."

Die Fans kennen natürlich den Hit. Sie singen den Text mit. Es ist laut und heiß im Saal. Aber Sara, Stefan und die anderen Mädchen und Jungen singen und schreien. Das Konzert der Piloten ist ein riesiger Erfolg.

Perfekt mit haben und sein / Akkusativ mit bestimmtem und unbestimmtem Artikel

Nach dem Konzert unterhalten sich Sara und Stefan.

Sara: Pit spielt sehr gut Gitarre. Das ist toll.
Stefan: Ich finde, Lena spielt besser. Aber am besten singt Marc. Er hat eine super Stimme.
Sara : Das stimmt. Ich höre ihn auch gern.
Stefan: Meine Freundin mag die Piloten nicht. Sie hört lieber CDs von den Rockpiraten.
Sara: Ich höre am liebsten „Schulfrei" von den Piloten.
Stefan: Ich auch.

2. Und du?

Ich spiele gut ...	Ich mag ... gern.
Aber ... spiele ich noch besser.	... mag ich lieber.
Am besten ...	Am liebsten ...

3. Sara und Stefan erzählen Christina, Daniel und Petra von dem Konzert:

Sara: Stefan und ich sind im Konzert von den Piloten ...
Stefan: Wir haben den ganzen Tag ... Endlich hat man dann die Türen ...
Sara: Das Warten ist aber nicht langweilig ... Wir haben T-Shirts, CDs und Pilotenkappen ...
Stefan: Die meisten Fans sind so alt wie wir ... 15 000 haben Karten ...
Sara: Dann sind die Piloten endlich ... Alle Fans haben laut ... und ...
Stefan: Marc hat kurz zu den Fans ... und dann haben die Piloten „Schulfrei" ...
Sara: Stellt euch vor, die Piloten haben es selbst ...!
Stefan: Alle Fans haben den Hit schon ... und ihn ...

Steigerung unregelmäßiger Adjektive
Perfekt mit haben und sein

Setze ein:
geschrieben / gesungen (2x) / gewesen (3x) / gewartet / geöffnet / gekauft / gekommen / geschrieen / angesehen / gesprochen / geklatscht / gekannt

Im Musikladen

Stefan und Sara suchen die neue CD von den Piloten. Sie
gehen in einen Musikladen.
„Guten Morgen!" sagt die Verkäuferin.
„Morgen!" antworten Sara und Stefan.
„Haben Sie die neue CD von den Piloten?" fragt Stefan.
„Sucht ihr „Schulfrei", den neuesten Hit von den Piloten?"
„Ja, genau den!" antwortet Sara.
„Tut mir Leid", antwortet die Verkäuferin, „die sind alle schon
weg. Nach dem Konzert haben alle diese CD gekauft."

Sie sucht in dem Regal und legt eine CD auf den Tisch.
„Ich habe hier das neue Lied von den Clowns. Es heißt „Sag
nicht nein".
„Nein", sagt Stefan, „ich mag die Clowns nicht. Haben Sie
wirklich diesen neuen Song von den Piloten nicht?"
Die Verkäuferin sucht noch einmal.

„Ihr habt Glück", sagt sie, „da ist noch eine CD. Die habe ich
unter ein Buch gelegt. Da habe ich sie vergessen."
„Was kostet die denn?" fragt Sara.
„Fünfundzwanzig Mark", antwortet die Verkäuferin.
„Die nehmen wir", sagt Stefan.
Die Verkäuferin legt die CD in eine Tüte. Sara bezahlt.
„Viel Spaß mit der neuen CD!" wünscht die Verkäuferin.

Präpositionen mit Akkusativ / Akkusativ mit bestimmtem und unbestimmtem Artikel

Alte Rockmusiker aus ...?

Emil E.: Hallo, ich heiße Emil E. Ich bin bei B. geboren. Das ist eine Stadt in Deutschland. Abends nach meiner Arbeit habe ich Musik auf einer großen grünen Wiese gemacht. Da sind immer sehr viele Leute gekommen, die haben meine Musik sehr gern gehört. Ich habe eine schöne und laute Stimme. Eines Tages bin ich von zu Hause fortgegangen. Auf dem Weg in die Stadt habe ich unsere berühmte Popgruppe gegründet. Die ganze Welt kennt heute unsere Band. Früher habe ich nur gesungen, aber heute spiele ich auch Gitarre.

Harry H.: Emil hat mich auf dem Weg nach B. gesehen. Er hat gefragt: „Magst du Musik gern?" Ich habe „Ja" gesagt. Dann hat Emil vorgeschlagen: „Komm mit. Wir beide machen in B. Rockmusik." Da bin ich mitgegangen. Ich habe damals auch nur gesungen. Heute sitze ich am Schlagzeug.

Karoline K.: Damals habe ich vor einem Bauernhaus in der Sonne gesessen. Emil und Harry haben mich gesehen und gesagt: „Wir gehen in die Stadt und machen dort Rockmusik. Du hast so eine schöne Stimme. Komm mit!" Da bin ich mit den beiden gegangen. Heute singe ich in der Band zusammen mit Hans.

Hans H.: Ich habe damals auf einem Zaun gesessen. Karoline hat mich gesehen und gesagt: „Komm mit Hans. Emil, Harry und ich gehen nach B. Da machen wir Musik. Kannst du gut singen?" „Nicht sehr gut!" habe ich gesagt. „Das macht nichts", hat Harry geantwortet, „du hast aber eine sehr laute Stimme. Komm mit." Da bin ich auch mitgegangen. Heute singe ich zusammen mit Karoline, aber manchmal spiele ich auch Keyboard.

Emil E.: Wisst ihr jetzt den Namen von der Band? Schaut auch mal im Internet bei unserem Manager nach, da könnt ihr noch mehr über uns und andere Märchenfiguren erfahren: **http://www.printmedia.de/Gilde_Verlag/**

4. Schreibt eine Anzeige!

Die Band gibt ein Konzert.
Schreibt eine Anzeige für eine Zeitung:

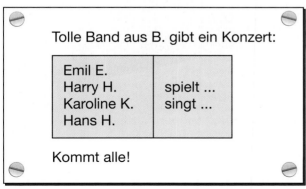

Tolle Band aus B. gibt ein Konzert:

Emil E. Harry H. Karoline K. Hans H.	spielt ... singt ...

Kommt alle!

Perfekt mit haben und sein / Adverbiale Bestimmung des Ortes

G Musikinstrumente

Wir basteln Instrumente aus „Abfall":

Die Klapperdose:

Du brauchst
– eine leere Margarinedose
– vier oder fünf Deckel von
  Konservendosen

Lege die Deckel in die Margarinedose.
Schließe die Dose und klebe sie mit
Klebeband zu. Schüttele die Dose. Sie
rasselt und klappert laut.

Der Trompetenkamm:

Du brauchst: – einen Kamm
              – Pergamentpapier

Falte das Papier über den Kamm.
Halte den Kamm vor den Mund.
Summe eine Melodie.

Imperativ / Bestimmter und unbestimmter Artikel

Die Flötflasche:

Du brauchst:
– eine leere Flasche

Setze die leere Flasche an
deine Unterlippe und blase in
die Flaschenöffnung.

Das Dosenbündel:

Du brauchst:
– drei oder vier alte Konservendosen
– einen Nagel
– einen Hammer
– Seil oder Band

Nimm den Hammer und den Nagel. Schlage ein
Loch in jeden Dosenboden. Ziehe durch jedes
Loch ein Band. Mache einen Knoten. Das Band
darf nicht aus dem Dosenboden herausrutschen.
Binde alle Seile zusammen. Schüttele die Dosen,
damit sie klappern.

Die Trommeltöpfe:

Du brauchst: – zwei bis drei
                Kochtöpfe oder
                Eimer
              – zwei Holzlöffel

Dreh die Kochtöpfe um. Schlage
mit den Holzlöffeln auf die Böden.
Du hörst lautes Trommeln.

**5. Hast du noch mehr Ideen, wie man einfache Musikinstrumente
machen kann?**

H Ein Besuch im Wasserpark

Sara trifft ihre Freunde oft im Schwimmbad. Heute wollen sie in den Wasserpark in Köln gehen. In der Schule sehen sie den Stadtplan an:

Sara: Weißt du, wo der Wasserpark ist, Daniel?

Daniel: Aber klar, der ist in der Rubensstraße.

Sara: Gib mal den Stadtplan, Christina! Aha, da ist die Rubensstraße. Am besten kommen wir alle zum Hauptbahnhof. Von da ist es nicht weit. Den Weg können wir laufen.

Christina: Wie kommen wir vom Hauptbahnhof zum Wasserpark?

Petra: Das ist doch ganz einfach. Vom Hauptbahnhof gehen wir über die Domplatte. Dann gehen wir geradeaus zur Hohe Straße.

Stefan: Richtig! Dann gehen wir immer geradeaus bis zur Schildergasse. Da gehen wir nach rechts bis zum Neumarkt. 500 m hinter dem Neumarkt gehen wir links und die zweite Straße rechts ist die Rubensstraße. Da ist der Wasserpark.

Sara: Ich muss einen Badeanzug kaufen. Wo kann ich den Badeanzug kaufen?

Daniel: Am besten im Kaufhaus.

Sara: Wie kommen wir dahin?

Daniel: Zuerst gehen wir immer geradeaus bis zur Schildergasse. Dann gehen wir 100 m nach rechts. Und dann gehen wir nach links zum Kaufhaus.

Sara: Prima! Das ist gar kein Umweg. Wir müssen ja zum Neumarkt.

Daniel: Ja, wir kommen am Kaufhaus vorbei.

Sara: Gut, gehen wir!

Orts- und Zeitadverbien

6. Stadtplanspiel

Du bist ein Tourist in Köln. Dein Nachbar ist Kölner. Ihr seid am Hauptbahnhof.

Tourist: Entschuldigung, wo ist der Neumarkt?
Kölner: Das ist ganz einfach.

Kölner: Zuerst gehen Sie ...	geradeaus	bis zum ...
	nach rechts	bis zur ...
	nach links	über ...
Dann gehen Sie ...	nach rechts	bis zum ...
	nach links	bis zur ...
	immer geradeaus	vor dem ...
Tourist: Danke!		
Kölner: Bitte sehr!		

– Du willst vom Hauptbahnhof zum Rudolfplatz gehen.
  Dein Nachbar erklärt den Weg.

– Dein Nachbar will von der Magnusstraße bis zur Deutzer Brücke gehen.
  Du erklärst den Weg.

Richtungsangaben mit zuerst und dann

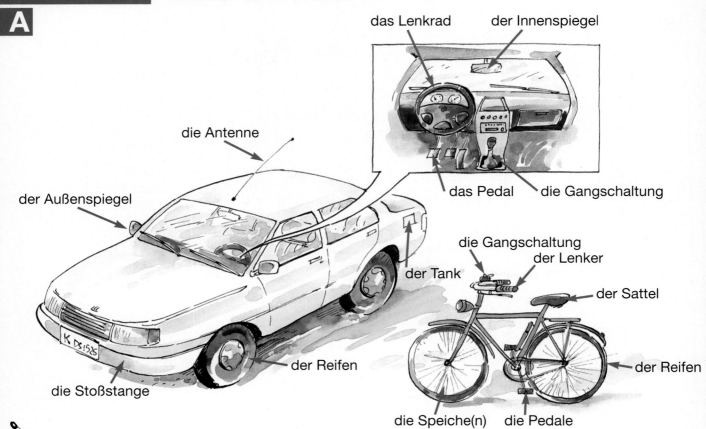

das Lenkrad   der Innenspiegel

die Antenne

der Außenspiegel

das Pedal   die Gangschaltung

die Gangschaltung
der Lenker

der Tank

der Sattel

der Reifen

die Stoßstange

die Speiche(n)   die Pedale

der Reifen

Präpositionen mit Dativ

1. Was gehört zum Auto, was gehört zum Fahrrad?

Gegenstand	Auto	Fahrrad
Das Lenkrad	?	?
Die Pedale	?	?
...		

Auto

Der Tank	ist	hinten	über der Stoßstange.
Die Stoßstange	...	...	...
...	...	...	...

Fahrrad

Der Lenker	ist	vorn	über dem Rad.
Die Lampe	...	...	...
...	...	...	...

Setze ein: neben, unter, über, vor, hinter, zwischen, auf, an, in ...

Ein Brief

In Daniels Straße ist eine Tankstelle.
Wenn Daniel schulfrei hat, hilft er dort
bei der Arbeit. Das macht Spaß und
Daniel bekommt ein bisschen Geld.

Daniels Cousin Simon wohnt in
Hamburg. Die beiden Jungen schreiben
oft Briefe. Hier ist ein Brief von Daniel:

Daniel Rau   Köln, den 28. September

Lieber Simon,

hier kommt endlich mein Brief. Ich habe wenig Zeit.
Ich habe jetzt einen kleinen Job bei einer Tankstelle. Die
Tankstelle ist nicht weit entfernt. Sie ist in der Potsdamer
Straße. Der Tankwart heißt Herr Schmitz. Er ist ein Freund von meinem
Vater. Sie sind zusammen in die Schule gegangen. Mein Vater hat mit Herrn
Schmitz gesprochen. Und jetzt arbeite ich bei der Tankstelle.

Ich gehe gern zur Tankstelle. Oft tanke ich die Autos voll oder ich putze die
Scheiben.
Herr Schmitz mag schnelle Motorräder am liebsten. Er spricht lange mit
den Motorradfahrern.
Herr Schmitz hat selbst ein altes Motorrad. Er bastelt immer an dem
Motorrad, wenn er frei hat. Du kannst es sehen, wenn du im Sommer
kommst. Es heißt „Wilhelmina".
Im nächsten Brief schicke ich ein Foto mit – da habe ich gerade mit Herrn
Schmitz einen alten Motor ausgebaut.

Viele Grüße auch an Tante Doris und Onkel Martin,

dein Cousin Daniel

Wenn-Sätze / Adjektivendungen im Akkusativ

der Reifen | der Schraubenzieher | der Farbeimer

der Scheibenwischer | der Hammer | die Batterie

2. Was gehört wohin?

Daniel arbeitet an der Tankstelle. Herr Schmitz sagt ihm, was er tun soll:

Herr Schmitz: Daniel, stelle die **alten Reifen** an die Wand.
Lege ... auf den Tisch. (der Schraubenzieher / groß)
Stelle ... in das Regal. (die Farbe / neu)
Hole ... (der Hammer / klein)
Trage ... in den Keller. (die Batterie / alt)
Wirf ... in den Mülleimer. (der Scheibenwischer / kaputt)
Daniel: Ja, Herr Schmitz, ich fange sofort an.

C Wohin in den Ferien?

Petra und ihre Familie wollen in die Ferien fahren. Im letzten Jahr sind sie in
Italien am Gardasee gewesen. In diesem Jahr wollen sie Urlaub in Deutschland machen.

Herr Krass: Also, wo fahren wir dieses Jahr hin?
Petra: Ich möchte an die See, weil ich in den Ferien viel schwimmen will.
Carsten: Ich bin dafür, dass wir in die Berge fahren. Ich fahre nur mit, wenn ich im Urlaub auch Rad fahren kann.
Petra: Geht das schon wieder los! Immer musst du dein Fahrrad mitnehmen.
Frau Krass: Hört schon auf zu streiten!
Herr Krass: Also, Petra will an die See, Carsten will in die Berge. Und wo willst du hinfahren, Birgit?
Frau Krass: Ich habe gehört, dass die Bielers nach Cuxhaven fahren. Warum fahren wir nicht auch dahin? Petra kann den ganzen Tag schwimmen und Carsten kann Rad fahren. Da gibt es keine Berge, aber viele Radwege.
Carsten: Keine schlechte Idee. Was meinst du, Petra?
Petra: Gut, ich bin auch dafür, wenn du einverstanden bist. Ich möchte aber nicht immer auf das Baby von Tante Inge und Onkel Wilfried aufpassen.
Frau Krass: Aber Petra! Tante Inge glaubt, dass du das gern machst.
Petra: O.K., ich mache es, wenn Tante Inge keine Zeit hat. Aber nicht den ganzen Urlaub.
Herr Krass: Gut, dann sagst du es Tante Inge. Ich plane jetzt schon einmal unsere Fahrtroute.

Adjektivendungen im Akkusativ / Verbstellung im Nebensatz

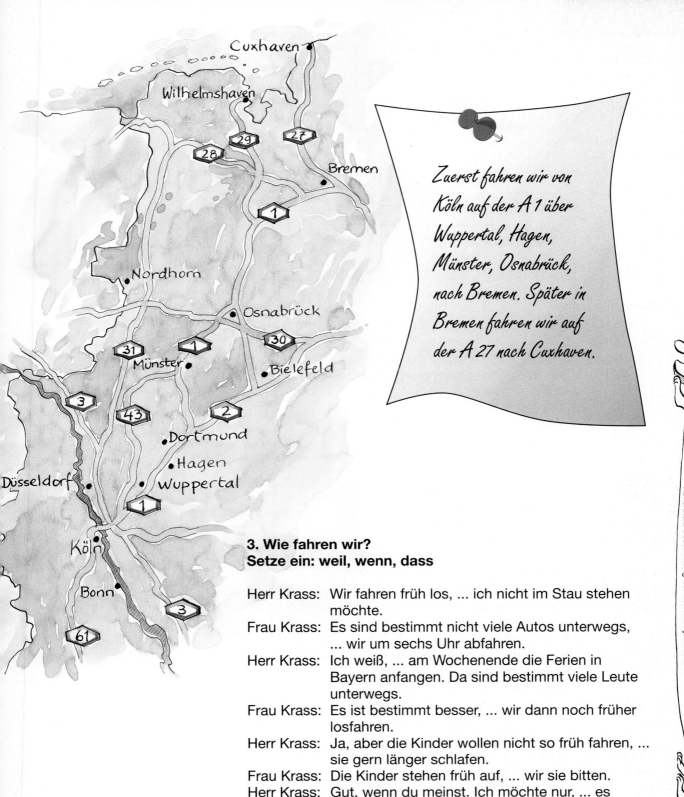

Zuerst fahren wir von Köln auf der A 1 über Wuppertal, Hagen, Münster, Osnabrück, nach Bremen. Später in Bremen fahren wir auf der A 27 nach Cuxhaven.

3. Wie fahren wir?
Setze ein: weil, wenn, dass

Herr Krass: Wir fahren früh los, ... ich nicht im Stau stehen möchte.

Frau Krass: Es sind bestimmt nicht viele Autos unterwegs, ... wir um sechs Uhr abfahren.

Herr Krass: Ich weiß, ... am Wochenende die Ferien in Bayern anfangen. Da sind bestimmt viele Leute unterwegs.

Frau Krass: Es ist bestimmt besser, ... wir dann noch früher losfahren.

Herr Krass: Ja, aber die Kinder wollen nicht so früh fahren, ... sie gern länger schlafen.

Frau Krass: Die Kinder stehen früh auf, ... wir sie bitten.

Herr Krass: Gut, wenn du meinst. Ich möchte nur, ... es keinen Ärger gibt.

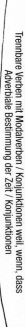

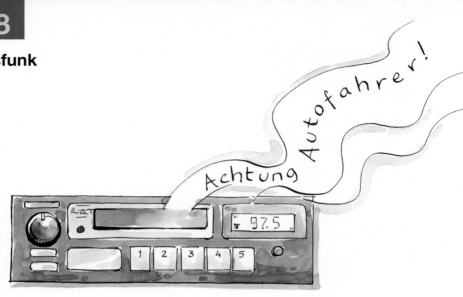

Familie Krass fährt mit dem Auto auf der Autobahn 1 (A 1) in Richtung Münster.

Herr Krass: Seid mal ruhig, Kinder. Da kommt der Verkehrsfunk.

Ansager: ... und hier eine Staumeldung. Achtung Autofahrer: A 1 Richtung Hagen, Münster. Zwölf Kilometer Stau am Autobahnkreuz Abfahrt Münster-Süd nach einem Unfall. Fahren Sie vorsichtig, das Stauende ist in einer Kurve. *(Musik)*

Herr Krass: Na, das fängt ja gut an. Wie weit ist es denn noch bis zu dem Stau? Habt ihr ein Schild gesehen?

Petra: Da vorne ist ein Schild. Fahr mal etwas langsamer, Papa.

Herr Krass: Münster-Süd ... zwei Kilometer. Na ja, dann sind wir ja gleich da.

Carsten: Da vorn sehe ich schon die Bremslichter. Mach lieber die Warnblinkanlage an.

Herr Krass: Da fährt ja keiner mehr. Das kann Stunden dauern.

Frau Krass: Wenn es lange dauert, müssen wir Wilfried und Inge im Hotel anrufen. Die warten doch auf uns.

Herr Krass: Das ist kein Problem. Ich habe doch mein Handy mit.

Ein Telefongespräch im Stau

Herr Krass:	Hotel zur Mole? Kann ich bitte Herrn oder Frau Bieler sprechen?
Empfang:	Sofort, ich sehe mal nach.
	Musik, Stimme: Bitte warten!
	Hallo, hören Sie? Ich habe Herrn Bieler auf der Terrasse gefunden.
Herr Bieler:	Hallo?
Herr Krass:	Hallo, Wilfried. Hier ist Volker.
Herr Bieler:	Volker, wo seid ihr?
Herr Krass:	Tja, Wilfried. Ihr müsst leider noch ein paar Stunden warten. Wir kommen später. Wir stehen im Stau.
Herr Bieler:	Zu dumm. Was ist passiert?
Herr Krass:	Ein Unfall. Die ganze Autobahn ist gesperrt. Ein Lastwagen ist umgestürzt. Auf der Straße liegen viele Kisten.
Herr Bieler:	Ist jemand verletzt?
Herr Krass:	Nein, aber die Autobahn ist blockiert. Es kommt ein Kran. Der Kran hebt den Lastwagen hoch. Das habe ich im Radio gehört.
Herr Bieler:	Na ja, wir warten auf euch. Hoffentlich ist es nicht heiß?
Herr Krass:	Es ist schön warm hier. Aber wir sind ausgestiegen. Im Auto kann man nicht sitzen.
Herr Bieler:	Ihr Armen. Na dann, bis heute Abend.
Herr Krass:	Gut, Wilfried, bis heute Abend.

Eine Zeitungsmeldung

Münster (dpa). Gestern Nachmittag war die Autobahn nach Bremen für drei Stunden gesperrt. Ein Lastwagen aus Gießen war umgestürzt. Die Ladung lag auf der Autobahn. Viele Kartons waren aufgeplatzt und die ganze Straße war voller Cornflakes. Hunderte von Urlaubern mussten lange warten.

Am Urlaubsort

Herzlich willkommen in Cuxhaven!

Cuxhaven an der Nordsee hat ein sehr gesundes Klima. Viele Gäste kommen hierhin, weil man hier toll Ferien machen kann: Suchen Sie im Watt Muscheln, beobachten Sie die Tiere am Land und im Wasser, und sehen Sie die großen Schiffe fahren. Die Sonne scheint hier immer! Cuxhaven hat auch ein Meerschwimmbad. Es ist täglich geöffnet. Am Strand können Sie baden, im Strandkorb faulenzen, Spaß haben, Ball spielen – einfach alles, was zum Urlaub am Meer gehört!

Ihr Cuxhavener Kurteam wünscht Ihnen einen schönen Aufenthalt

Präpositionen mit Dativ

4. Sophia und Michael haben sich ein Eis am Kiosk gekauft. Jetzt suchen sie ihre Eltern. Könnt ihr Sophia und Michael helfen?

Sophia:	Michael, weißt du, wohin wir gehen müssen?
Michael:	Nicht ganz genau. Aber ich weiß, dass unser Strandkorb nahe bei dem Bootsverleih ist.
Sophia:	Ist der Bootsverleih neben ... (das Zelt / rot)?
Michael:	Nein, er ist auf ... (der Steg / lang).
Sophia:	Wir müssen zu ... (der Papierkorb / groß) gehen. Von da aus ist es leicht. Unser Platz ist neben ... (der Sonnenschirm / grün). Unter dem Sonnenschirm sitzt ein dicker Mann.
Michael:	Ich sehe den Sonnenschirm. Er ist direkt hinter ... (das Volleyballfeld / klein).
Sophia:	Und da links ist ja auch Papa. Er spricht mit ... (der Mann / dünn) vor ... (der Liegestuhl / kaputt).
Michael:	Na also, alles klar, gehen wir!

dreiundneunzig 93

Heute fahren Thomas und Marie mit dem Fahrrad zum Strand. Sie fahren die
Straße „Am Seedeich" entlang. Die Ampel ist grün und Marie fährt über den
Zebrastreifen an der „Amsterdamer Straße" geradeaus. Ein Autofahrer will nach
rechts abbiegen. Da passiert es:
Der Autofahrer hat Marie nicht gesehen und fährt gegen das Rad von Marie.
Marie stürzt über den Lenker auf die Motorhaube. Dann rollt sie auf die Straße.

Thomas:	Marie!! Bist du verletzt?
Marie:	Ich weiß nicht, mein Fuß tut so weh.
Autofahrer:	Oh Gott, ich habe dich einfach nicht gesehen. Ist es schlimm?
Marie:	Ich weiß nicht, aber ich kann nicht aufstehen, mein Fuß ...
Autofahrer:	Wir holen einen Krankenwagen. Bleib hier liegen. Ich lege meine Jacke unter deinen Kopf. Ganz ruhig. Dein Freund holt jetzt einen Arzt. *(Zu Thomas)* Da hinten ist ein Bäcker. Lauf dahin und rufe einen Krankenwagen. Das Kinderkrankenhaus ist nicht weit. Vielleicht können die uns helfen.
Thomas:	Mach ich.

Thomas läuft in die Bäckerei. Das Geschäft hat schon auf.

Thomas: Guten Morgen! Helfen Sie bitte!
Bäcker: Was ist denn los?
Thomas: Da drüben auf der anderen Straßenseite ist ein Unfall. Wir brauchen
            schnell einen Krankenwagen.
Bäcker: Das Telefon steht auf dem Schreibtisch im Büro. Komm mit!

Thomas wählt: eins, eins, zwei.

Stimme: Notrufzentrale Cuxhaven.
Thomas: Hier ist ein Unfall. Schicken Sie schnell einen Krankenwagen.
Stimme: Langsam, mein Junge. Wie heißt du?
Thomas: Thomas Brennecke.
Stimme: Gut, Thomas. Wo ist der Unfall?
Thomas: An der Straße „Am Seedeich" Ecke „Amsterdamer Straße". An
            dem Zebrastreifen. Ein Auto hat meine Freundin auf dem Rad
            angefahren. Sie ist auf die Straße gestürzt.
Stimme: Und, ist sie verletzt?
Thomas: Ja, ihr Fuß tut weh.
Stimme: Gut, ich weiß Bescheid. Ich rufe einen Krankenwagen und die
            Polizei. Es dauert ein paar Minuten.
Thomas: Vielen Dank.

 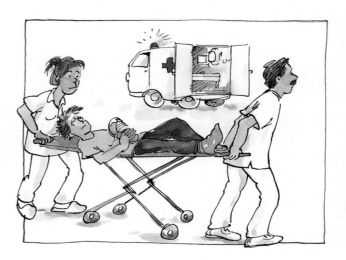

Der Krankenwagen ist nach fünf Minuten da. Ein Arzt untersucht Marie. Ihr Fuß
ist inzwischen ganz dick. Vorsichtig legen die Sanitäter das Mädchen auf eine
Trage. Dann schieben sie die Trage in den Krankenwagen. Maries Fuß ist gebrochen. Außerdem hat sie eine Gehirnerschütterung.
Thomas ist nicht mit in das Krankenhaus gefahren. Er muss der Polizei erzählen,
wie der Unfall passiert ist.

Polizist: Also Thomas, am besten nehmen wir gleich das Protokoll auf. Erzähl bitte, wie der Unfall passiert ist.

Thomas: Wir waren auf dem Weg zum Strand. Marie und ich sind mit dem Rad gefahren.

Polizist: Also Marie heißt deine Freundin.

Thomas: Ja, Marie Bieler.

Polizist: Und wo wohnt sie hier in Cuxhaven?

Thomas: Im Hotel zur Mole.

Polizist: Gut. Erzähle weiter.

Thomas: Wir sind die Straße Am Seedeich entlanggefahren.

Polizist: Aha. Weiter.

Thomas: Wir wollten an der „Amsterdamer Straße" über den Zebrastreifen geradeaus fahren. Dann ist aber plötzlich das Auto abgebogen und gegen das Rad von Marie gefahren.

Polizist: Das Auto ist von der Straße „Am Seedeich" in die „Amsterdamer Straße" gefahren?

Thomas: Genau. Marie ist über den Lenker auf die Motorhaube gestürzt. Dann ist sie auf die Straße gerollt.

Polizist: Und du hast die Notrufzentrale angerufen.

Thomas: Stimmt.

Polizist: Alles klar. Ich schreibe heute Nachmittag das Protokoll. Du kommst auf die Polizeiwache und unterschreibst.

Thomas: Ist gut, bis heute Nachmittag.

Polizist: Ach ja, Maries Fahrrad nehmen wir mit. Wir rufen gleich die Eltern an. Sie können es dann von der Wache abholen. Fahr vorsichtig!

Thomas: Oh ja.

Präpositionen mit Akkusativ / Perfekt mit haben und sein

5. Erzählt den Unfall nach! Jeder sagt einen Satz.

Zeitungsartikel

Mädchen verletzt

Cuxhaven (dpa). Ein zwölfjähriges Mädchen hatte gestern in Cuxhaven einen Verkehrsunfall. Die Schülerin war mit dem Fahrrad auf dem Weg zum Strand. An der Kreuzung „Am Seedeich" Ecke „Amsterdamer Straße" übersah ein Autofahrer die Radfahrerin. Bei dem Zusammenstoß brach sich das Mädchen den Fuß. Sie ist im Krankenhaus Cuxhaven.

6. Ein Brief von Christina an Marie

Christina hat von dem Unfall gehört. Sie schreibt einen Brief an Marie. Kannst du die Lücken ergänzen?

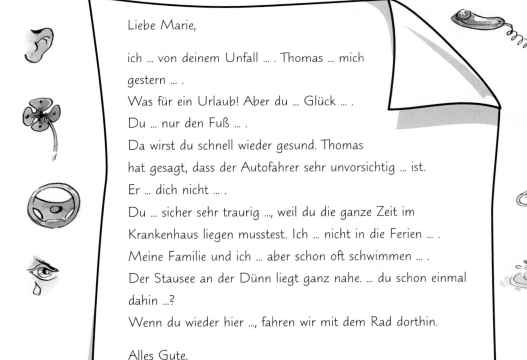

Liebe Marie,

ich ... von deinem Unfall ... . Thomas ... mich gestern ... .

Was für ein Urlaub! Aber du ... Glück ... .

Du ... nur den Fuß ... .

Da wirst du schnell wieder gesund. Thomas hat gesagt, dass der Autofahrer sehr unvorsichtig ... ist.

Er ... dich nicht ... .

Du ... sicher sehr traurig ..., weil du die ganze Zeit im Krankenhaus liegen musstest. Ich ... nicht in die Ferien ... .

Meine Familie und ich ... aber schon oft schwimmen ... .

Der Stausee an der Dünn liegt ganz nahe. ... du schon einmal dahin ...?

Wenn du wieder hier ..., fahren wir mit dem Rad dorthin.

Alles Gute,

deine Christina

Präteritum

(hat ... angerufen / bist / gefahren / habe ... gehört / bist ... gefahren / hast ... gehabt / hat ... gesehen / bist ... gewesen / hast ... gebrochen / bin ... gefahren / sind ... gegangen)

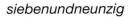

Der Taschendieb
Abenteuer mit Klecks und Krümel
Von großen Tieren   ist
Sachen zum Lachen
Das heute-journal
„Die Piloten" in Köln
Fußball live

eine Komödie
eine Sportsendung
ein Krimi
ein Zeichentrickfilm
eine Tiersendung
eine Nachrichtensendung
eine Musiksendung

1. Ordne die Filmtitel zu, zum Beispiel: „Der Taschendieb" ist ein Krimi. „Fußball live" ist eine Sportsendung.

Was gibt es im Fernsehen?

Carsten und Carola sehen fern. Carsten möchte das Fußballspiel Borussia Dortmund gegen Bayern München sehen. Carola will lieber einen Krimi sehen.

Carsten:	Mensch! Das Spiel Dortmund gegen München können wir sehen. Das ist ja toll!
Carola:	Ach, ich hasse Fußballspiele. Ich möchte lieber den Krimi sehen.
Carsten:	Du und die Krimis. Ein Fußballspiel ist besser und spannender.
Carola:	Krimis sind aufregender. Diese Serie ist super.
Carsten:	Sieh doch mal in die Fernsehzeitung. Da gibt es sicher einen Zeichentrickfilm.
Carola:	Na gut. Hier gibt es einen Trickfilm. Der ist lustiger als Fußball.
Carsten:	Nein, ich habe den Film schon gesehen. Der ist noch langweiliger als der Krimi.
Carola:	O.K. Ich schlage vor, wir sehen uns *Montezumas Erben* an. Das ist ein Abenteuerfilm.
Carsten:	Aber das nächste Mal möchte ich eine Sportsendung sehen.
Carola:	Einverstanden!

Mein Lieblingsprogramm

Carola
Ich sehe sehr gern fern. Meistens abends, wenn ich die Hausaufgaben gemacht habe. Aber das Programm muss gut sein. Am liebsten sehe ich einen Krimi. Amerikanische Krimis finde ich viel toller. Aber die gibt es nicht oft im deutschen Fernsehen. Nur langweilige Serien.
Meine Eltern sehen nicht gern fern. Sie lesen lieber ein Buch.

Carsten
Am Tag habe ich keine Zeit für das Fernsehen. Nur wenn es ein Fußballspiel gibt. Fußballspiele sehe ich gerne. Meine Freunde finden Zeichentrickfilme oder Abenteuerfilme interessanter, aber ich sehe lieber eine Sportsendung. Die ist viel aufregender. Aber meine Schwester sieht gern Krimis. Manchmal streiten wir uns über das Programm.

Carola findet einen Abenteuerfilm **spannend**.
Carsten findet ein Fußballspiel **spannender**.
Carola findet Krimis am **spannendsten**.

2. Und du? Sprich mit einer Mitschülerin / einem Mitschüler.
Was siehst du gern / nicht so gern im Fernsehen?

Tierfilme finde ich **interessant**.
... finde ich **interessanter**.
... finde ich am **interessantesten**.

... sind **gut.**
... sind **besser.**
... sind **am besten.**

... sind **langweilig.**
... sind **langweiliger.**
... sind **am langweiligsten.**

Zeichentrickfilme / Kindersendungen / Sportfilme / Nachrichten ...

Komparativ und Superlativ

B Als der Fernseher kaputt war

„Jetzt haben wir den Salat!" sagte Herr Schulze, „der Fernseher ist kaputt. Jetzt kommt das Fußballspiel! So ein Mist. Was machen wir jetzt?"

„Max", sagte Frau Schulze, „schimpf nicht so. Denk an die Kinder."

Plötzlich flüsterte Herr Schulze: „Wer ist der junge Mann da in dem Sessel? Haben wir Besuch?"

„Na hör mal," antwortete seine Frau, „das ist unser Sohn Sven!"

„Was? Warum ist er so alt?" Herr Schulze staunte.

„Du siehst immer nur fern. Sven ist schon vierzehn Jahre alt."

„Was?" sagte Herr Schulze, „wie die Zeit vergeht!"

„Das junge Mädchen auf der Couch ist nicht seine Freundin. Das ist unsere Tochter Miriam."

„Ich habe doch gar nicht gefragt", sagte Herr Schulze.

„Aber du hast es nicht gewusst – oder?" fragte seine Frau.

„Na ja", meinte Herr Schulze, „sie ist sehr groß.
Das habe ich gar nicht bemerkt."

„Mutti", flüsterte das junge Mädchen, „wer ist der Mann mit der Glatze vor dem Fernseher?"

„Miriam, das ist euer Vater!" antwortete Frau Schulze böse.

„Ach – und wer ist der hübsche junge Mann mit den Locken auf dem Bild da drüben?"

„Miriam", antwortete Frau Schulze, „das war euer Vater vor zwanzig Jahren." Und dann sagte sie laut:

„Gut, dass der Fernseher kaputt ist. Da lernen wir uns endlich einmal kennen!"

3. Warum kennt Herr Schulze seine Kinder nicht? Benutze das Präteritum.

Fang zum Beispiel so an:
Jeden Tag saß Herr Schulze vor dem Fernseher. Auf einmal war der Apparat kaputt. Er sah seinen Sohn und ...

4. Wie ist das in eurer Familie? Seht ihr viel fern?

Ich sehe jeden Tag ...
Ich sehe nur ...

Gesucht !!!

Radio Aktiv sucht Jungen und Mädchen im Alter von acht bis zwölf Jahren für eine Treff-Sendung. Die Jungen und Mädchen sollen an einem **Tele-Treff** Köln – Edmonton, Kanada teilnehmen.

Was ist der **Tele-Treff?**

Zwei Schüler sitzen im Studio Köln am Telefon. Sie sprechen mit zwei Partnern in Edmonton, Kanada. Themen sind: Wohnort, Familie, die Schule und natürlich auch Hobbys.

Mehr Informationen bei der   *Treff-Redaktion*
Radio Aktiv
Ostwall 1–3
50728 Köln

Schreibt uns einen kurzen Brief, wenn ihr an dem Tele-Treff teilnehmen wollt.

Possessivpronomen: mein / meine

5. Ein Brief

Sara und Stefan haben die Anzeige am schwarzen Brett gelesen. Sie wollen an dem Tele-Treff teilnehmen. Schreibt für die beiden einen kleinen Brief an die Treff-Redaktion:

Liebe Treff-Redaktion,

Wir haben die Nachricht in der Schule gelesen. Radio Aktiv sucht Jungen und Mädchen für einen Tele-Treff mit Kanada. Wir möchten gerne teilnehmen. Hier ein paar Informationen zu uns:
Sara Schilling / elf Jahre / meine Hobbys / ich wohne in ...
Stefan Schöne / neun Jahre / meine Hobbys / ich wohne in ...

Ein Telefongespräch

Sara ist aus der Schule nach Hause gekommen. Das Telefon klingelt.
Ihre Mutter geht an das Telefon.

Mutter:	Schilling.
Redakteurin:	Hier ist Gabi Ziege vom Treff von Radio Aktiv. Kann ich bitte Sara sprechen?
Mutter:	Einen Augenblick bitte. Sara? Für dich!
Sara:	Sara Schilling.
Redakteurin:	Hallo Sara. Du hast uns einen Brief geschrieben. Ihr wollt an dem Tele-Treff teilnehmen?
Sara:	Ja, das stimmt.
Redakteurin:	Gut, wir laden euch ins Studio ein. Die Sendung ist am Mittwoch.
Sara:	Toll. Wohin sollen wir kommen?
Redakteurin:	In das Studio am Ostwall. Der Weg ist ganz einfach. Das Studio ist nahe am Kölner Dom. Am Hauptbahnhof steigt ihr aus der Straßenbahn aus. Dann geht ihr über die Domplatte bis zur Hohe Straße.
Sara:	Ja, das schreibe ich am besten auf.
Redakteurin:	Und dann müsst ihr ...
Sara:	Augenblick ... quer über die Domplatte bis zur Hohe Straße.
Redakteurin:	Ihr geht die Hohe Straße fünfzig Meter geradeaus. Rechts seht ihr dann das Haus. Die Anmeldung ist im Erdgeschoss in der Eingangshalle. Ich hole euch am Eingang ab. Das große Studio ist im dritten Stock.
Sara:	Wann müssen wir da sein?
Redakteurin:	Die Sendung beginnt um drei Uhr. Kommt um zwei Uhr. Dann kann ich euch das Haus zeigen.
Sara:	Prima, ich rufe jetzt Stefan an.
Redakteurin:	Alles klar, dann bis Mittwoch.
Sara:	Ja, bis Mittwoch, tschüs.
Redakteurin:	Tschüs.

Präposition mit Dativ und Akkusativ

6. **Sara ruft sofort Stefan an. Was sagen sie am Telefon?**
   Spielt das Gespräch in der Klasse.

Das Wetter

Sara und Stefan laufen zum Studio. Sie wollen wissen, wie das Wetter am Mittwoch wird. Sie sehen in die Zeitung:

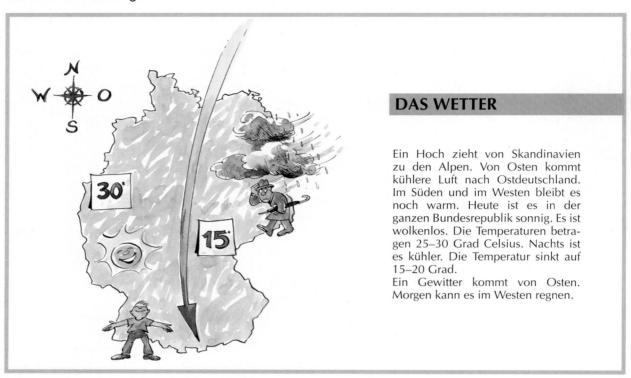

DAS WETTER

Ein Hoch zieht von Skandinavien zu den Alpen. Von Osten kommt kühlere Luft nach Ostdeutschland. Im Süden und im Westen bleibt es noch warm. Heute ist es in der ganzen Bundesrepublik sonnig. Es ist wolkenlos. Die Temperaturen betragen 25–30 Grad Celsius. Nachts ist es kühler. Die Temperatur sinkt auf 15–20 Grad.
Ein Gewitter kommt von Osten. Morgen kann es im Westen regnen.

7. Seht in eure Tageszeitung und schreibt einen Wetterbericht.

Heftiger Wind Leichte Schauer Starker Regen Wolken Blitz und Donner Hagel / Schnee / Sturm	kommt von kommen von	Norden. Osten. Süden. Westen.
Die Sonne	scheint / scheint nicht.	

Es	ist	bedeckt / bewölkt sonnig / wolkenlos.

Die Temperaturen in der Nacht Die Temperaturen am Tag	betragen	5°C. 10°C. 15°C. 20°C. 25°C.

°C = Grad Celsius

Ein Studio

Am Regiepult gibt es einen Computer und ein Mikrofon. In der Mitte steht das Mischpult. Hier kann man Töne und Sprache mischen und verändern. Rechts gibt es ein Kassettendeck, ein Tonbandgerät, einen CD-Spieler und einen Plattenspieler. Der Tontechniker hört über den Lautsprecher, was die Redakteurin im Studio sagt. Bei einer Aufnahme leuchtet das Aufnahmelicht.

Achtung Aufnahme

Endlich ist es so weit. Sara und Stefan kommen zum Funkhaus. Dort wartet die Redakteurin schon. Zuerst zeigt sie den beiden das Haus. Dann gehen sie in das Studio. Dort setzen sie und Frau Ziege die Kopfhörer auf. Dann warten sie. Der Techniker hinter dem Fenster gibt ihnen ein Zeichen.

Redakteurin:	Gleich geht es los. Ihr müsst genau in das Mikrofon sprechen. Über den Kopfhörer könnt ihr die anderen hören. Seid ihr nervös?
Stefan:	Ja.
Sara:	Ein bisschen.
Redakteurin.	Keine Angst. Es ist wie ein normales Telefongespräch.
Techniker:	Fünf, vier, drei, zwei, eins ... und los.

Zuerst hört man die Treff-Musik.

Komparativ

Verbindung Köln – Edmonton

Redakteurin:	Hier ist wieder der Tele-Treff mit der Verbindung Köln – Edmonton. Am Mikrofon ist eure Gabi. Heute bin ich nicht allein. Hier sitzen auch Sara und Stefan.
Sara:	Hallo, ich bin Sara. Ich bin elf Jahre alt und wohne in Köln.
Stefan:	Hallo, mein Name ist Stefan, ich bin neun Jahre alt und ich wohne auch in Köln.
Redakteurin:	Das sind unsere Schüler aus Köln. Hallo, Edmonton, Kanada: Wer ist dort im Studio?
Redakteur:	Hallo, hier ist der Redakteur John und Ronald und Melinda. Sagt mal „Hallo" nach Deutschland.
Melinda:	Hallo, ich heiße Melinda und ich bin dreizehn Jahre alt. Ich wohne in einem Vorort von Edmonton.
Ronald:	Mein Name ist Ronald und ich bin elf Jahre alt. Ich wohne in Edmonton.
Redakteurin:	Herzlich willkommen beim Tele-Treff. Wir wollen heute über unsere Familien, unsere Schulen und unsere Hobbys sprechen. Sara, kannst du anfangen?
Sara:	Klar. Meine Familie – das sind meine Eltern, mein sechsjähriger Bruder und ich.
Ronald:	Ich habe auch einen Bruder. Aber er ist schon achtzehn Jahre alt.
Melinda:	Wir sind sechs Personen. Meine kleine Schwester, meine Eltern, meine Großeltern und ich.
Stefan:	Wohnt ihr zusammen in einem Haus?
Melinda:	Ja, wir haben ein großes Haus in Forest Heights.
Redakteurin:	Jetzt kommt Stefan. Wo wohnt ihr?
Stefan:	Meine Eltern, unsere Katze und ich wohnen im Kölner Stadtzentrum.

Redakteurin:	O.K. Jetzt zum Thema Schule.
Ronald:	Also, die Schule in Kanada dauert von neun Uhr morgens bis vier Uhr nachmittags.
Stefan:	So lange?
Ronald:	Ja, das ist sehr lange. Wir haben aber eine Stunde Mittagspause.
Sara:	Hier fängt die Schule um acht Uhr an. Um ein Uhr haben wir schulfrei.
Melinda:	Das ist wunderbar. Habt ihr immer am Nachmittag schulfrei?
Sara:	Ja, dann machen wir Hausaufgaben.
Melinda:	Die machen wir in der Schule. Das ist besser.
Stefan:	Wir haben nachmittags manchmal Sport. Wir spielen Basketball und Badminton.
Ronald:	Das kann man in Kanada auch. Habt ihr am Samstag schulfrei?
Sara:	Ja.
Melinda:	Welche Lieblingsfächer habt ihr?
Sara:	Ich habe Mathe und Bio sehr gern.
Ronald:	Mathe? Nein, danke. Französisch mache ich am liebsten.
Stefan:	Mein Lieblingsfach ist Physik. Da machen wir viele Experimente.
Redakteur:	Und, was macht ihr in der Freizeit?
Stefan:	Ich fahre gern Inliner. Das finde ich toll.
Melinda:	Am liebsten gehe ich einkaufen in die West Edmonton Mall. Das ist das größte Kaufhaus der Welt. Da ist immer Musik und man trifft viele Leute.
Ronald:	Ich fahre gern Ski im Winter. Hier gibt es mehrere Lifts in der Stadt und die Berge sind nah. Im Sommer fahre ich Kanu auf dem Fluss.
Redakteurin:	Und was machst du gern, Sara?
Sara:	Ich lese viel und ich spiele gern Hockey.
Redakteurin:	Danke, Sara. Ja, und jetzt wollen wir wissen – was machen unsere Hörer gern? Schreibt bitte, dann lesen wir eure Briefe im nächsten Treff vor. Bis dann – wir sagen „Tschüs" aus Köln.
Sara / Stefan:	Tschüs!
Redakteur:	Und wir in Edmonton sagen:
Alle:	Auf Wiedersehen, Deutschland!
Redakteurin:	Bis zum nächsten Treff bei Radio Aktiv.

8. Du wirst zu einer Radiosendung eingeladen.

Sprich mit anderen Kindern über:

Hobbys / Freizeit / Musikgruppen / Ferienorte / Mode / Sport / Haustiere ...

Mein Schultag

Ronald und Melinda gehen von 9.00 Uhr bis 16.00 Uhr in die Schule, Sara und Stefan von 8.00 Uhr bis 13.00 Uhr. Saras Lieblingsfächer sind Mathe und Bio, Ronald hat Französisch gern.

9. Erzähle von deiner Schule.

Ich gehe	von ... Uhr	bis ... Uhr	in die Schule.
Ich muss	...	...	zur Schule gehen.
Wir haben Schule	von ... Uhr	bis ... Uhr.	
Meine Lieblingsfächer	sind	... und	

G ## Schule im Jahr 3000

Im Jahr 3000 sieht es in der Schule ganz anders als heutzutage aus. Es gibt nur fünf Schüler in einer Klasse. Die Klassenzimmer sehen viel gemütlicher und größer aus. In jedem Raum ist ein Sofa pro Person, es gibt große Tische und natürlich Computer.

In den Biologiestunden studiert man, wie der letzte Baum auf der Erde aussah. In den Sportstunden geht man Gleitsegeln oder man springt mit dem Fallschirm. Die Geschichtsstunden sind am interessantesten, weil die Schüler dann mit einer Zeitmaschine in die Vergangenheit reisen dürfen.

In der Mensa arbeiten sehr freundliche Leute. Sie kochen das Essen selber für die Schüler. Das Essen schmeckt immer sehr gut.

In den Schulen gibt es viele Tiere. Die Tiere haben ein ganzes Stockwerk. Es gibt Hunde, Katzen, Kühe, Pferde, Kaninchen und viele andere Nagetiere. Die Schüler gehen immer nach den Stunden zu den Tieren und räumen auf.

In der Schule gibt es auch neue Fächer. Erdkunde gibt es nicht mehr. Es gibt Planetenkunde, weil die Menschen schon auf vielen Planeten Glashäuser gebaut haben. Biologie ist das wichtigste Fach. Alle müssen wissen, wie die Natur funktioniert. Dann gibt es natürlich viele Computerfächer.

Es gibt keine Pausen zwischen den Stunden und niemand darf die Schule in der Schulzeit verlassen. Es gibt keine Schulbücher – die Kinder lernen zu Hause mit Hausrobotern.

10. Wie sieht deine Schule 3000 aus? Beschreibe deine Wünsche.

A Umweltschutz fängt in der Schule an!

An Christinas Schule gibt es eine Umwelt-Arbeitsgemeinschaft, kurz Umwelt-AG genannt. Die Schüler haben einen Tag lang den Müll in der Schule untersucht:

Papierkorb

Inhalt:

Metall:	5 Getränkedosen 1 Konservendose
Glas:	3 Flaschen 1 Glas
Papier:	1 Schülerzeitung 2 Comics 4 Brötchentüten 2 Kinokarten 1 Stadtplan
Kunststoff:	3 Plastiktüten 1 Füller 2 Kulis 1 Gummiball
Sonstiges:	2 Batterien 1 Tube Klebstoff

Und dein Müll?

Die	Flaschen Comics Gummibälle Dosen Kulis Füller	sind	aus	Metall. Glas. Papier. Kunststoff. Holz. Leder.
Der Das Die	Füller Schulheft Kinokarte	ist		

Pepe ist ein Austauschschüler aus Mexiko. Er ist in Köln zu Besuch bei Christina. Christina erklärt, dass in Deutschland alle Leute den Müll sortieren. Sie zeigt Pepe, wohin der Abfall aus dem Papierkorb gehört.

Christina: Also Pepe, das ist ganz einfach. Hier vor der Schule stehen die Container für den Müll.
Fangen wir mit dem Papier an. Das Papier werfen wir in den blauen Papiercontainer.

Pepe: Was passiert mit dem Papier?

Christina: Eine Firma holt den Container ab. Aus dem Altpapier macht man dann Recyclingpapier.

Pepe: Ach so. Und wohin kommen die Flaschen?

Christina: Die gehören in den grünen Container. Auf dem Container steht „Altglas". Das heißt altes Glas.

Pepe: Was passiert mit dem Glas?

Christina: Eine andere Firma holt das Glas ab. Das schmilzt man in einer Fabrik. Dann macht man neue Flaschen aus dem alten Glas.

Pepe: O.K., was machen wir mit dem Plastikmüll?

Christina: Plastik kommt in den gelben Sack. Gib mal die Dosen her. Altmetall kommt auch in den gelben Sack.

Pepe: Und die Batterien und der Klebstoff? Kommen die auch in diese Säcke?

Christina: Nein, das ist Sondermüll. Die Batterien gehören in einen kleineren Container. Der steht in der Pausenhalle. Und den Klebstoff geben wir bei dem Hausmeister ab. Der sammelt giftigen Abfall. Er fährt ihn zu einer Spezialfirma.

Pepe: Ganz schön kompliziert.

Christina: Ja, aber das muss sein bei dem vielen Abfall.

Präpositionen mit Dativ und Akkusativ

Das Umweltprojekt

Die Schule von Christina führt eine Projektwoche durch. Die Umwelt-AG hat einen Bach an der Schule gesäubert. Hier ist der Projektbericht von Christina:

Erkundungsbogen
Umweltprojekt vom 26. bis 30. März

Name:	Christina Berger
Datum:	28. März
Zeit:	9.00 Uhr bis 12.00 Uhr
Ort:	Bach an der Schule
Verschmutzung:	Müll im Wasser
Pflanzen:	Gras, Büsche, Bäume
Arbeitsschritte:	1. Müll und Abfall am Bach, in den Büschen und im Gras gesammelt 2. Müll und Abfall aus dem Wasser geholt
Unterschrift:	*Christina Berger*

Projektverlauf

Am 19. März hat Herr Milser Vorschläge gemacht, was wir in der Projektwoche zum Thema Umwelt machen können. Die Gruppe, das sind Stefan, Sara, Daniel, Petra und ich. Wir haben den Krollbach sauber gemacht.

Am 26. März hat die Projektwoche angefangen. Zuerst haben wir in der Schule alte Sachen angezogen. Daniel und Petra haben Gummistiefel angezogen. Sie haben den Abfall aus dem Wasser geholt. Da waren viele Konservendosen, zwei alte Autoreifen, ein kaputtes Fahrrad, fünfzehn Flaschen und ein alter Kinderwagen.

Sara, Stefan und ich haben am Ufer gearbeitet. Zuerst haben wir Müll gesammelt. Da war viel Papier und Pappe. Außerdem haben wir viele Plastiktüten gefunden. Sara hat sogar einen alten Pullover gefunden und Stefan drei Turnschuhe. Wir haben fünf Säcke Abfall gesammelt. Die hat Herr Milser dann mit dem Auto weggefahren.

Ortspräpositionen · Präteritum / Perfekt mit haben und sein

Umwelttipps für den Schulalltag

Die Umwelt-AG hat für die Mitschüler ein Poster gemacht. Das hängt in der Schule in jedem Klassenzimmer:

Astrid-Lindgren-Schule

Die Umweltschutz AG informiert:
Umweltschutz fängt in der Schule an!

✔ Sammle Abfall – lass ihn nicht liegen!

Auch in der Schule kannst du umweltfreundlich sein.

Hefte aus Recyclingpapier sind besser. Kauft Ordner aus Pappe und nicht aus Plastik.

Eine Schultasche aus Leder ist umweltfreundlicher als eine aus Plastik.

Kauft keine Dosen und Wegwerfflaschen.

1. Wie kann man in der Schule umweltfreundlicher sein? Hast du Ideen?

Ich kann Wir können Man kann	Buntstifte	statt	Filzstifte	nehmen. kaufen. holen.

Vergleichsformen der Adjektive

Die umweltfreundliche Schule

große Fenster
mit Doppelverglasung

Holz

Solarzellen
für Strom

TURNHALLE

Schulgarten

Abfallkorb

Baum mit Nistkasten

Altpapier
Pappe

Altglas

Naturteich

Container

Wie sieht deine Traumschule aus?

Eine umweltfreundliche Schule ist nicht nur aus Beton. Sie hat Wände aus Holz. Auf dem Dach sind Solarzellen.

Meine Traumschule hat große Fenster mit Pflanzen davor. Im Schulgarten gibt es Salat, Obstbäume und Blumen.

Die beste Schule sieht so aus: Auf dem Schulhof gibt es Bänke aus Holz. Man kann dort spazieren gehen, reden, sitzen, Leute treffen ... Im Teich kann man Fische beobachten und im Nistkasten brüten Vögel.

Natürlich gibt es Container für Altpapier, für Altglas und Abfallkörbe auf dem Schulhof.

2. Beschreibe deine Traumschule.

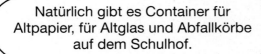

Ortspräpositionen

D

Die Welt gehört dir nicht allein

Daniel: Sieh mal, Petra. Das ist doch
Jürgen aus der 6e.
Petra: Was macht er denn da?
Daniel: Guck mal. Er nimmt die alten Batterien
aus seinem Walkman.
Petra: Das gibt es nicht. Er wirft sie in den See.

Die beiden gehen zu Jürgen.

Petra: Sag mal, Jürgen, spinnst du? Du wirfst die
alten Batterien in den See?
Jürgen: Das ist doch nicht schlimm. Die kleinen
Batterien. Was soll da schon passieren?
Daniel: Du hast in der Schule nicht aufgepasst.
Hör gut zu.

Petra und Daniel erklären.

Daniel: Und was sagst du jetzt?
Jürgen: Öh, na gut, das war ein Fehler.
Petra: Mach es nicht wieder. Batterien sind
Sondermüll!

⑦

⑥

⑤

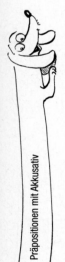

Präpositionen mit Akkusativ

① Du denkst: Alte Batterien können in den See! Dann sind sie weg.

② Du wirfst die Batterien in den See. In den Batterien ist Gift. Das Gift läuft in das Wasser.

③ Die Pflanzen nehmen das Gift durch die Wurzeln auf. Durch die Wurzeln kommt das Gift in die Blätter.

④ Die Fische fressen die Blätter.

⑤ Ein Angler fängt die Fische und verkauft sie auf dem Markt.

⑥ Deine Mutter kauft einen Fisch.

⑦ Du isst ihn dann. Guten Appetit!

E Ein Dieb geht um

Die Klasse 5a hat Sport. Alle Schüler rennen zur Turnhalle. Herr Müller schließt die Halle auf. Die Jungen und Mädchen gehen in die Umkleidekabinen.

Stefan: Los, komm, Daniel. Herr Müller ist schon in der Halle.
Daniel: Ja, ja, ich komme schon. Ich habe nur noch meine Sachen
aufgehängt.
Stefan: Mach die Uhr ab. Im Sport darf man keine Uhren tragen!
Mensch, das ist eine tolle Uhr. Zeig doch mal her.
Daniel: Ich habe sie von meinen Eltern zum Geburtstag bekommen.
Stefan: Die kann ja die Zeit stoppen!
Marius: Leute, guckt mal, Daniel hat eine neue Uhr. Die ist teuer
gewesen!
Lars: Ist die Uhr wasserdicht?
Daniel: Na klar. Das steht auf der Rückseite.
Stefan: Leg die Uhr weg, Daniel, wir wollen Fußball spielen.
Daniel: Ich komme schon.

Nach dem Sportunterricht in der Umkleidekabine. Plötzlich:

Daniel: Hat jemand meine neue Uhr gesehen?
Stefan: Nein, wo hast du sie hingelegt?
Daniel: Ich habe sie in meine Hosentasche getan. Jetzt ist sie leer.
Lars: Bist du sicher?
Daniel: Klar, vorher ist sie da gewesen. Jetzt ist sie weg.
Tim: Dann hat sie einer geklaut.
Marius: Aber Herr Müller hat doch die Turnhalle von innen
abgeschlossen. Es konnte niemand herein.
Stefan: Dann ist es jemand aus der Klasse gewesen. Los, komm,
Daniel. Das sagen wir Herrn Müller.

Herr Müller hört den Jungen zu.

Herr Müller: Tja, Daniel. Da hat jemand deine neue Uhr gestohlen. Das ist schlimm.
Aber du hast auch ein paar Fehler gemacht.

3. Weißt du, was Daniel falsch gemacht hat? Erkläre es ihm. Fang so an:

Herr Müller:
1. Du hast deine Uhr im Umkleideraum anderen Schülern gezeigt.
2. Du hast den anderen Schülern gesagt, dass ...
3. Du hast sie nicht ...
4. Du hast die Uhr in ...
5. ...
6. ...

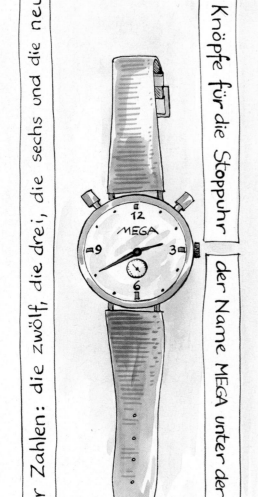

schwarz

zwei Knöpfe für die Stoppuhr

der Name MEGA unter der zwölf

Vier Zahlen: die zwölf, die drei, die sechs und die neun

weiß

aus Metall

4. Beschreibung

Daniel musste zum Direktor gehen. Der Direktor meinte, dass er die Uhr ganz genau beschreiben muss. Wenn ein Schüler die Uhr trägt, kann man sie vielleicht wieder erkennen.

**Hier ist Daniels Beschreibung.
Kannst du sie ergänzen?**

Meine Uhr ist eine Mega-Armbanduhr.
Sie ist ein ganz neues Modell.
Die Uhr ist ... und hat ein ... Zifferblatt.
Das Armband ist ...
Oben links und rechts sind ...
Die Uhr hat nur ...
Auf der Uhr steht ...

Wer ist der Täter?

Der Direktor befragt drei verdächtige Schüler:

Also, Marius, Tim und Lars.
Einer von euch hat Daniels Uhr gestohlen.
Was sagt ihr dazu?

Marius

Tim

Lars

Ich bin es nicht gewesen. Ich bin mit Daniel und Stefan in der Turnhalle gewesen. Wir haben Fußball gespielt. Ich bin einmal aus der Turnhalle gegangen. Ich habe die Basketbälle aus dem Schrank geholt. Danach haben wir Basketball gespielt. Daniel war dabei. Ach ja, Stefan auch.

Tja, ich habe mit Sara und Larissa Basketball gespielt. Wir haben nicht Fußball gespielt. Wir sind in der anderen Ecke in der Turnhalle gewesen. Nach der Sportstunde bin ich wieder in den Umkleideraum gegangen. Da waren die anderen Jungen auch dabei. Im Sportunterricht bin ich nicht aus der Halle gegangen.

Ich bin es nicht gewesen. Ich war krank. Ich konnte nicht mitspielen. Ich war nur kurz vorher im Umkleideraum. Ich bin als Letzter gekommen. In der Turnhalle habe ich auf der Bank gesessen. Ich habe den anderen zugesehen.

Perfekt mit haben und sein

5. Wer hat die Uhr genommen?

Du	hast	die Uhr genommen,	weil ...
...	hat	die Uhr gestohlen,	da ...
...	hat	sie geklaut,	...

Lektion 1

❶ Personalpronomen

❷ Das Verb im Präsens

ich	schreib	-e	❗	wir	schreib	-en	❗
	les	-e			les	-en	
	nehm	-e			nehm	-en	
du	schreib	-st	schreib!	ihr	schreib	-t	schreibt!
	lie	-st	**lie**s!		les	-t	lest!
	n**imm**	-st	n**imm**!		nehm	-t	nehmt!
er/es/sie	schreib	-t	❗	sie/Sie	schreib	-en	❗
	lies	-t			les	-en	
	n**imm**	-t			nehm	-en	

Merke:

schlafen – du schl**ä**fst, sie schl**ä**ft   sehen – du s**ie**hst, sie s**ie**ht
essen – du **i**sst, sie **i**sst

Ich geb**e** eine Party.   Dann tanz**en wir**.
Komm**st du** auch?   Wann kommt **ihr**?
Daniel **(er)** / Sara **(sie)** komm**t** auch.   Alle (sie) sing**en** zusammen.
     Komm**en Sie** auch, Herr Müller?

❸ Fragepronomen

Wer	liest	gerne?		Daniel.
Wie alt	ist	Daniel?		Zehn.
Was	macht	Sara gern?		Sie tanzt gern.
Wann	hast	du Englisch?		Um 10.00 Uhr.
Wo	wohnst	du?		In Köln.
Wie alt	bist	du?		Elf.
Wie viele Stunden	hast	du heute?		Fünf.

❹ Zeitangaben

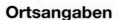

heute Nachmittag
um 7 / 8 / 9 Uhr
zuerst
dann
am Montag / Dienstag / Freitag

Ortsangaben

ins Kino
nach Hause
hier
in Köln

❺ Possessivpronomen

		der Vater / Bruder / Onkel / Freund ...	**die** Mutter / Schwester / Tante ...
ich		mein Onkel	mein**e** Tante
du		dein Onkel	dein**e** Tante

Das ist mein**e** Tante und das ist mein Freund. Ist das dein**e** Mutter? Nein! Mein**e** Schwester!

6 **Nominativ und Akkusativ bei Possessivpronomen, bestimmtem und unbestimmtem Artikel**

Nominativ	der ein mein kein	das ein mein kein	die eine meine keine	die – meine keine

Akkusativ	**den** **einen** **meinen** **keinen**	das ein mein kein	die eine meine keine	die – meine keine

Hier ist der Füller.	Da ist das Heft.	Da ist die Schere.	Wo sind die Bücher?
Ich habe keinen Füller. Nimm meinen Füller.	Ich habe kein Heft. Nimm mein Heft.	Ich habe keine Schere. Nimm meine Schere.	Ich habe keine Bücher. Nimm meine Bücher.

7 **Infinitiv und Imperativ**

gehen ⟶ geh! ⟶ geht!

laufen ⟶ lauf! ⟶ lauft!

schreiben ⟶ schreib! ⟶ schreibt!

Merke:

So finde ich meistens den Imperativ: lesen   du liest ⟶ lies!

kochen   du kochst ⟶ koch!

Aber: laufen   du läufst ⟶ lauf!

8 Präpositionen

in in das = ins **ins** Kino **ins** Theater **ins** Museum Ich gehe heute **ins** Museum. 	an an dem = am **am** Montag / am Freitag **am** zehnten Dezember **am** Nachmittag Was machst du denn **am** Freitag?

9 Zahlen von 1 bis 100:

1	eins	11	elf	21	ein-und-zwanzig	31	ein-und-dreißig
2	zwei	12	zwölf	22	zwei-und-zwanzig		
3	drei	13	dreizehn	23	drei-und-...	40	vierzig
4	vier	14	vierzehn	24	vier-und-...	50	fünfzig
5	fünf	15	fünfzehn			60	sechzig
6	sechs	16	sechzehn			70	siebzig
7	sieben	17	siebzehn			80	achtzig
8	acht	18	achtzehn			90	neunzig
9	neun	19	neunzehn	29	neunundzwanzig		
10	zehn	20	zwanzig	30	dreißig	100	(ein)hundert
						200	zweihundert

		...-te		...-te		...s-te
1 eins	1.	**erste**	11.	elf-te	20.	zwanzig-**s**-te
2 zwei	2.	zwei**te**	12.	zwölf-te	30.	dreißigste
3 drei	3.	**dritte**	13.	dreizehn-te	40.	vierzigste
4 vier	4.	vier**te**	14.	vierzehn-te		...-ste
5 fünf	5.	fünf**te**	15.	fünfzehn-te		...-ste
6 sechs	6.	sechs**te**	16.	sechzehn-te		
7 sieben	7.	sieb**te**	17.	siebzehn-te		
8 acht	8.	ach**te**	18.	achtzehn-te		
9 neun	9.	neun**te**	19.	neunzehn-te		
10 zehn	10.	zehn**te**				

1 **Inversion bei Zeitangaben**

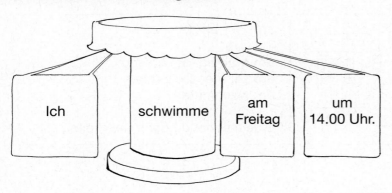

Ich	schwimme		am Freitag immer um 14.00 Uhr.
Am Freitag	schwimme	ich	immer um 14.00 Uhr.
Um 14.00 Uhr	schwimme	ich	immer am Freitag.

| Ich | fahre | später | nach Hause. |

Später	fahre	ich	nach Hause.
Dann	lese	ich	ein Buch.
Danach	sehe	ich	fern.

um
von ... bis

am
von ... bis

| Uhrzeit: | **um** 4/5/6/ ... Uhr | Tagesangaben: | **am** Montag / **am** Morgen / **am** Vormittag |
| Zeitraum: | **von** 4 Uhr **bis** 6 Uhr | | **von** Montag **bis** Freitag |

| Daniel | spielt | von 4 Uhr bis 6 Uhr | Fußball. | Sara | hat | von Montag bis Freitag | Schule. |
| Von ... bis ... | spielt | Daniel | Fußball. | Von Montag bis Freitag | hat | Sara | Schule. |

2 Die Verben „haben" und „sein"

ich	habe		ich	bin
du	hast		du	bist
er/es/sie	hat		er/es/sie	ist
wir	haben		wir	sind
ihr	habt		ihr	seid
sie/Sie	haben		sie/Sie	sind

3 Ortsangaben   oben, unten, links, rechts, in der Mitte
auf dem See, im Schwimmbad, im Hallenbad, auf dem Fußballplatz

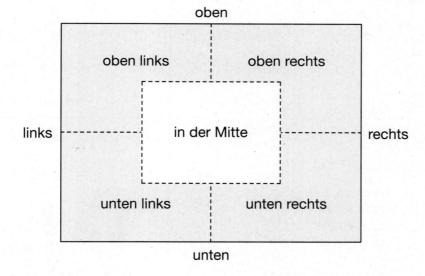

oben

oben links | oben rechts

links   in der Mitte   rechts

unten links | unten rechts

unten

Oben in der Mitte.

Wo spielen die Kinder?   Auf dem Fußballplatz. Im Hallenbad.

Unten rechts.

④ Possessivpronomen

	der Freund	die Freundin	die Freunde
ich	mein Freund	mein**e** Freundin	mein**e** Freunde
du	dein Freund	dein**e** Freundin	dein**e** Freunde
er	sein Freund	sein**e** Freundin	sein**e** Freunde
sie	ihr Freund	ihr**e** Freundin	ihr**e** Freunde
wir	unser Freund	unser**e** Freundin	unser**e** Freunde
ihr	euer Freund	**eure** Feundin	**eure** Freunde
sie/Sie	ihr/Ihr Freund	ihr**e**/Ihr**e** Freundin	ihr**e**/Ihr**e** Freunde

⑤ W-Fragen?

Wer	spielt oft Tennis?
Was	spielt Rieke oft?
Wann	spielt Rieke Tennis?
Wo	spielt Rieke Tennis?
Um wie viel Uhr	spielt Rieke Tennis?
Wie oft	spielt Rieke Tennis?
Von wann bis wann	spielt Rieke Tennis?

W er
as
ann
o
ie
?

Wie viele Haare / Augen / Beine / Ohren / Hände hast du?

Welcher Junge spielt Tischtennis?
Welche Schülerin ist Reporterin der Astrid-Lindgren-Schule?
Welches Mädchen spielt gern Tennis?

Welche Mädchen finden Fußball toll?

6 **Entscheidungsfragen – Ja oder Nein?**

Verb	Satzglied	Satzglied	Satzglied	V ?

Aussagesatz:	Satzglied	Verb	Satzglied	Satzglied	(2.Verbteil).
Fragesatz:	Verb	Satzglied	Satzglied	Satzglied	(2. Verbteil)?
	Rieke **Spielt**	**spielt** Rieke	am Nachmittag am Nachmittag	oft oft	Tennis. Tennis? (ja/nein)
	David **Trainiert**	**trainiert** Daniel	dreimal dreimal	in der Woche. in der Woche?	(ja/nein)

7 **Modalverben „wollen" und „können"**

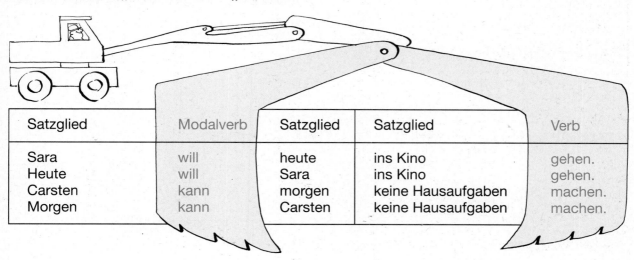

Satzglied	Modalverb	Satzglied	Satzglied		Verb
Sara	will	heute	ins Kino		gehen.
Heute	will	Sara	ins Kino		gehen.
Carsten	kann	morgen	keine Hausaufgaben		machen.
Morgen	kann	Carsten	keine Hausaufgaben		machen.

ich	will	
du	will	-st
er / es / sie	will	
wir	woll	-en
ihr	woll	-t
sie / Sie	woll	-en

ich	kann	
du	kann	-st
er / es / sie	kann	
wir	könn	-en
ihr	könn	-t
sie / Sie	könn	-en

Lektion 2

8 **Präpositionen „bei" Herrn !!**

Mathematik haben wir **bei** Herr**n** Müller.
Religion natürlich bei Frau Krause,
und Biologie **bei** Herr**n** Menzel.

bei   -n

9 **Singular und Plural**

der B**a**ll – die B**ä**ll**e**   das Tor – die Tor**e**   die Klasse – die Klasse**n**

                                                                 5a   5b   5c

10 **Trennbare Verben**

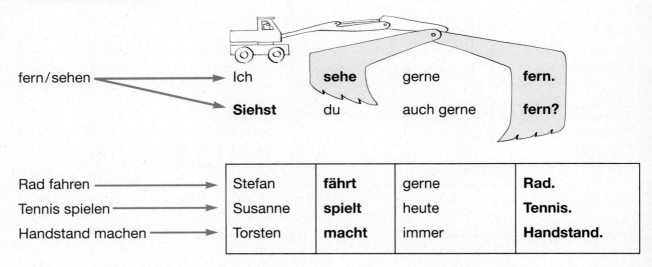

| fern/sehen | Ich | **sehe** | gerne | **fern.** |
| | **Siehst** | du | auch gerne | **fern?** |

Rad fahren	Stefan	**fährt**	gerne	**Rad.**
Tennis spielen	Susanne	**spielt**	heute	**Tennis.**
Handstand machen	Torsten	**macht**	immer	**Handstand.**

① Demonstrativpronomen „der, das, die // die"

☺ Ist **der** Apfelsaft billig oder teuer?

● **Der** ist billig!

☺ Und das Eis – ist **das** teuer?

● Nein, **das** ist auch billig!

☺ Und die Cola – ist **die** auch billig?

● Klar, **die** ist noch billiger!

der
die
das

☺ Aber die Erdnüsse – **die** sind teuer!

● Ja, leider, **die** sind sehr teuer.

die

② Ortspräpositionen

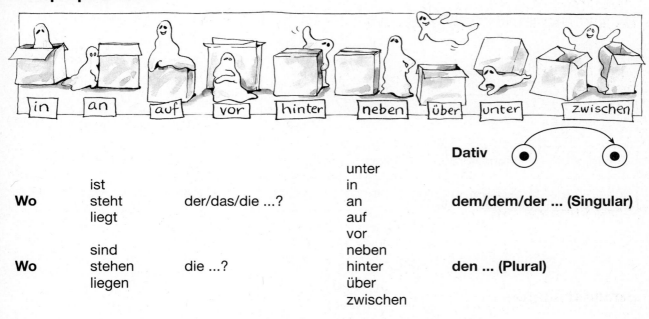

in an auf vor hinter neben über unter zwischen

Dativ

			unter in	
Wo	ist steht liegt	der/das/die ...?	an auf vor	**dem/dem/der ... (Singular)**
Wo	sind stehen liegen	die ...?	neben hinter über zwischen	**den ... (Plural)**

Merke: Auf die Ortspräpositionen kann auch der Akkusativ folgen!

③ Adjektivendungen im Nominativ und Akkusativ mit bestimmtem Artikel

Nominativ:	der blaue Mantel	das blaue Hemd	die blaue Bluse	die blau**en** Mäntel
Akkusativ:	**den** blau**en** Mantel	das blaue Hemd	die blaue Bluse	die blau**en** Mäntel

der — geben suchen brauchen nehmen haben finden — den

4 Modalverben „wollen, können, müssen, dürfen, (möchten)"

ich	will	kann	muss	darf	möchte	
du	willst	kannst	musst	darfst	möchtest	(-st)
er/es/sie	will	kann	muss	darf	möchte	
wir	wollen	können	müssen	dürfen	möchten	(-en)
ihr	wollt	könnt	müsst	dürft	möchtet	(-t)
sie/Sie	wollen	können	müssen	dürfen	möchten	(-en)

😀 Ich **will** heute ins Kino gehen. 😐 Du **kannst** gehen, aber erst **musst** du aufräumen!

😀 **Darf** ich nicht sofort gehen? 😐 Na gut, wann **möchtest** du denn gehen?

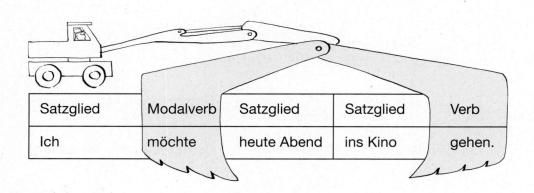

Satzglied	Modalverb	Satzglied	Satzglied	Verb
Ich	möchte	heute Abend	ins Kino	gehen.

5 Datumsangaben

Wann ist Ostern / Weihnachten / Saras Geburtstag / Neujahr / Karneval?

Am ...(s)ten + Tag

Am vierundzwanzigsten (24.) Dezember.
Am ersten (1.) Januar.
Am zehnten (10.) Dezember.

Im + Monat/Jahreszeit/Jahr ...

Im April.
Im Winter.
Im Jahr 1495 (oder: 1495).

1 **Ortsangaben – fahren nach .., bleiben in ..,**

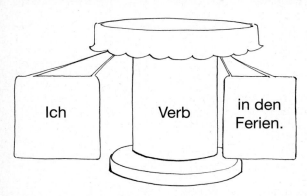

Satzglied (Subjekt)	Verb	Satzglied (Subjekt)	Satzglied
In den Ferien	fahre	ich	nach München.
Ich	fahre	in den Ferien	nach München.

Bewegung von einem Ort zu einem anderen Ort: Akkusativ
Aber merke: nach + Dativ

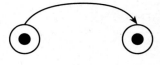

Wir	laufen	nach	München / Köln / Hannover.
	reisen	an	die Nordsee / die Ostsee.
	fliegen	in	die Alpen / die Südsee.
	gehen	auf	die Berge.
	fahren	nach	New York / Frankfurt / Deutschland.

Keine Bewegung (Dativ)

Wir	bleiben	in Köln.
	sind	an der Nordsee.
	waren	in Deutschland.

2 Präteritum von „sein"

Präsens:

ich	war	bin
du	war-**st**	bist
er/es/sie	war	ist
wir	war-**en**	sind
ihr	war-**t**	seid
sie/Sie	war-**en**	sind

3 W-Fragen und Entscheidungsfragen (ja/nein)

Wer	fährt	an die Nordsee?
Wohin	fährt	Stefan?
Was	hat	Petra im Koffer?

 W-Fragen

Fährt	Stefan	an die Nordsee?
Bleibt	Sara	in Köln?
Hat	Petra	einen Ball im Koffer?

Ja / Nein

4 Ortspräpositionen mit Dativ

Dativ

in, an, auf, vor, hinter, neben, unter, über, zwischen ⟶ **dem / dem / der // den**

5 Possessivpronomen im Akkusativ

		der Ball	das Hemd	die Bluse	die Schuhe
ich	sehe	meinen Ball	mein Hemd	meine Bluse	meine Schuhe
du	siehst	deinen Ball	dein Hemd	deine Bluse	deine Schuhe
er/es	sieht	seinen Ball	sein Hemd	seine Bluse	seine Schuhe
sie	sieht	ihren Ball	ihr Hemd	ihre Bluse	ihre Schuhe
wir	sehen	unseren Ball	unser Hemd	unsere Bluse	unsere Schuhe
ihr	seht	euren Ball	euer Hemd	eure Bluse	eure Schuhe
sie/Sie	sehen	ihren/Ihren Ball	ihr/Ihr Hemd	ihre/Ihre Bluse	ihre/Ihre Schuhe

☺ Hast du deinen Tennisschläger?   ☻ Nein, aber Julian hat seinen Schläger!
Habt ihr eure Hemden?   Na klar, wir nehmen unsere Hemden und Hosen mit.
Wo ist denn Ihre Bluse, Frau Kroll?   Hier, das ist meine Bluse!

6 Ortsangaben auf der Landkarte

Im Norden	**von ...**	liegt ...		**nördlich von**
Im Osten	**von ...**	ist ...		**östlich von**
Im Süden	**von ...**	kann ich ... (sehen).		**südlich von**
Im Westen	**von ...**	liegen ...		**westlich von**

Im Südwesten	Im Südosten	Im Nordwesten	Im Nordosten
südwestlich	südöstlich	nordwestlich	nordöstlich

Im Süden von Deutschland liegen die Alpen.
Berlin liegt **im Osten von** Deutschland.
Westlich von Deutschland ist Frankreich.
Die Schweiz liegt **südwestlich** von Deutschland.

Flüsse: die Elbe, die Weser, die Oder, die Leine,
die Donau, die Isar, die Mosel

Aber: der Rhein, der Neckar, der Main

Die Elbe liegt im Norden von Deutschland,
der Rhein im Südwesten.

7 Perfekt mit „sein"

Verben, die eine Bewegung von einem Ort zu einem anderen Ort angeben, bilden das Perfekt mit „sein":

fahren	reisen	laufen	gehen	fahren
ich bin gefahren	du bist gereist	sie ist gelaufen	wir sind gegangen	ihr seid gefahren

sein	**werden**	**bleiben**
ich bin gewesen	er ist geworden	wir sind geblieben

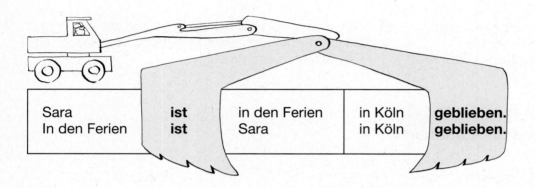

Sara	**ist**	in den Ferien	in Köln	**geblieben.**
In den Ferien	**ist**	Sara	in Köln	**geblieben.**

Ich	**bin**	hier	**gewesen.**
Du	**bist**	hier	**gewesen.**
Er/es/sie	**ist**	hier	**gewesen.**
Wir	**sind**	hier	**gewesen.**
Ihr	**seid**	hier	**gewesen.**
Sie/sie	**sind**	hier	**gewesen.**

🙂 Wo bist du gestern gewesen?	😀	Ich	bin	hier		gewesen.
	😀	Ich	war	hier.		
🙂 Wohin bist du in den Ferien gefahren?	😀	Ich	bin	nach Italien	gefahren.	
	😀	Ich	bin	hier		geblieben.
	😀	Ich	war	hier.		
🙂 Wann bist du gestern ins Bett gegangen?	😀	(Ich bin) um zehn Uhr (ins Bett gegangen).				

8 **Steigerung der Adjektive**

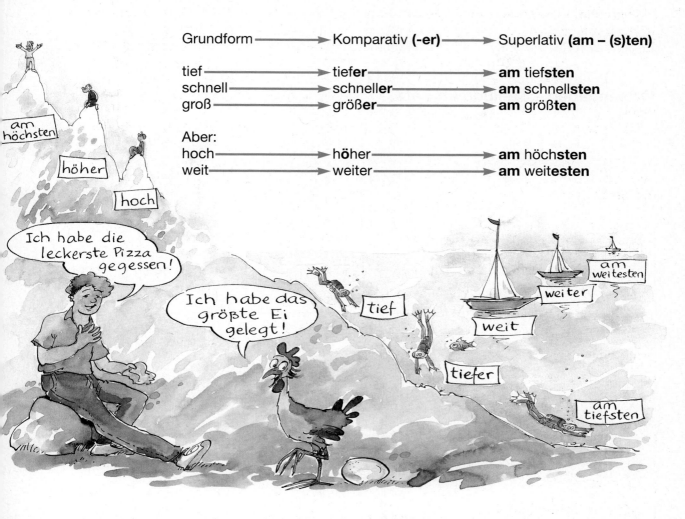

Grundform	→	Komparativ **(-er)**	→	Superlativ **(am – (s)ten)**

tief → tief**er** → **am** tief**sten**
schnell → schnell**er** → **am** schnell**sten**
groß → größ**er** → **am** größ**ten**

Aber:
hoch → h**ö**her → **am** höch**sten**
weit → weiter → **am** weit**esten**

9 **Verbklammer bei Modalverben „wollen" und „können"**

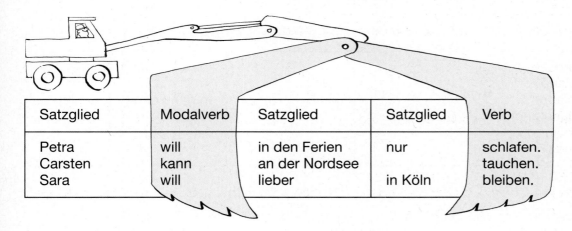

Satzglied	Modalverb	Satzglied	Satzglied	Verb
Petra	will	in den Ferien	nur	schlafen.
Carsten	kann	an der Nordsee		tauchen.
Sara	will	lieber	in Köln	bleiben.

Lektion 5

❶ Präposition mit Dativ – zu

zu de**m** = **zum**   **zu** de**r** = **zur**   zu den

Er geht zum Restaurant.   Du kommst zur Waldschule.   Er geht zu den Spielen.

❷ Ortsangaben – Stellung im Satz

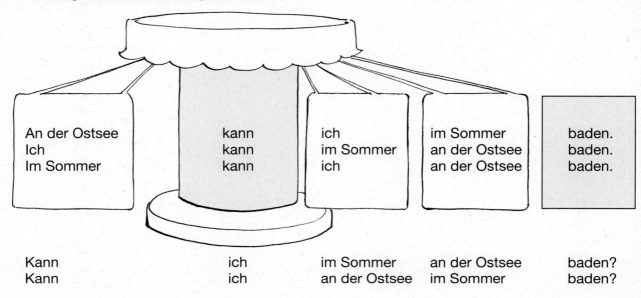

An der Ostsee	kann	ich	im Sommer	baden.
Ich	kann	im Sommer	an der Ostsee	baden.
Im Sommer	kann	ich	an der Ostsee	baden.

| Kann | ich | im Sommer | an der Ostsee | baden? |
| Kann | ich | an der Ostsee | im Sommer | baden? |

Keine Bewegung = Dativ

An der Nordsee An der Ostsee Am Strand Auf dem Bauernhof Am Rhein Auf einer Insel	⦿	kann	ich	in den Ferien	bleiben.

Bewegung von einem Ort an einen anderen Ort = Akkusativ

An die Nordsee An die Ostsee An den Strand Auf den Bauernhof An den Rhein Auf eine Insel	⬤→⬤	kann	ich	in den Ferien	fahren.

Städte:

Ich bleibe in Hamburg / München / Berlin.

(nach + Dativ!!)

Ich fahre nach Hamburg / München / Berlin.

❸ Steigerung der Akjektive

Grundform	Komparativ	Superlativ
billig ——→	billig**er** ——————→	**am** billig**sten**
klein ——————→	klein**er** ——————→	**am** klein**sten**
schön ——————→	schön**er** ——————→	**am** schön**sten**

Aber:

gut ——————→	**besser** ——————→	**am besten**
viel ——————→	**mehr** ——————→	**am meisten**

❹ Perfekt mit „haben"

Fast alle Verben (ca. 95 %) – bilden das Perfekt mit „haben".
„Bewegungsverben" und die Verben „sein, bleiben, werden" bilden das Perfekt mit „sein".

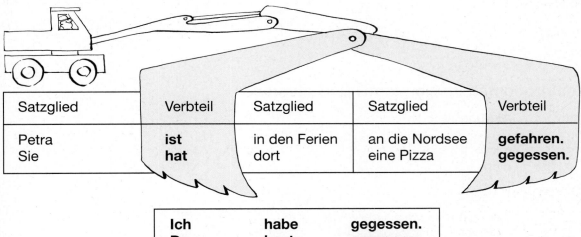

Satzglied	Verbteil	Satzglied	Satzglied	Verbteil
Petra	**ist**	in den Ferien	an die Nordsee	**gefahren.**
Sie	**hat**	dort	eine Pizza	**gegessen.**

Ich	habe	gegessen.
Du	hast	gegessen.
Er/es/sie	hat	gegessen.
Wir	haben	gegessen.
Ihr	habt	gegessen.
Sie/Sie	haben	gegessen.

Wir	haben	die Brille	im Kühlschrank	versteckt.
Vater	hat	sie	lange	gesucht.
Mutter	hat	sie	im Kühlschrank	gefunden.
Wir	haben	zuerst	alle	gelacht.
Sie	sind	zu spät	ins Konzert	gekommen.

Partizip Perfekt

suchen ——→	ge-**such**-t	**versteck**en ——→	**versteck**-t
lachen ——→	ge-**lach**-t	**telefonier**en ——→	**telefonier**-t

Aber: finden – gefunden, essen – gegessen, trinken – getrunken, treffen – getroffen,
schießen – geschossen, gewinnen – gewonnen

5 **Nebensätze mit „weil"**

Hauptsatz			,	Nebensatz			
Satzglied	Verb	Satzglied	,	weil	Satzglied	Satzlied	Verb
Mein Bruder	fährt	nach Köln	,	weil	er	oft in den Dom	geht.
Ich	bin	an der Ostsee	,	weil	ich	so gerne	bade.
Vater	mietet	das Haus früh	,	weil	es	dann billiger	ist.

6 **Personalpronomen im Nominativ und Akkusativ**

Nominativ	Akkusativ
ich	mich
du	dich

er	ih**n** (de**n**!)	der – de**n**	er – ih**n**
es	es (das)	das – das	es – es
sie	sie (die)	die – die	sie – sie

Nominativ	Akkusativ
wir	uns
ihr	euch
sie	sie
Sie	Sie

Ich sehe **den** Ball – ich sehe **ihn**.
Ich sehe **das** Buch – ich sehe **es**.
Ich sehe **die** Puppe – ich sehe **sie**.

1 Modalverben (mögen, sollen, wollen, können)

Klammerstellung beim Modalverb

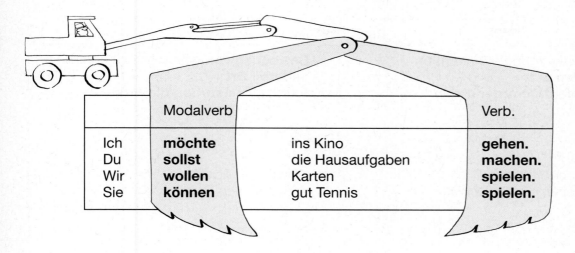

	Modalverb		Verb.
Ich	**möchte**	ins Kino	**gehen.**
Du	**sollst**	die Hausaufgaben	**machen.**
Wir	**wollen**	Karten	**spielen.**
Sie	**können**	gut Tennis	**spielen.**

	mögen	sollen	wollen	können
ich	möchte	soll	will	kann
du	möchte-**st**	soll-**st**	will-**st**	kann-**st**
er/es/sie	möchte	soll	will	kann
wir	möchte-**n**	soll-**en**	woll-**en**	könn-**en**
ihr	möchte-**t**	soll-**t**	woll-**t**	könn-**t**
sie/Sie	möchte-**n**	soll-**en**	woll-**en**	könn-**en**

2 Trennbare Verben   **Trennbare Verben + Modalverb**
(fern/sehen, auf/stehen)

Sandra	**sieht**	gerne	**fern.**		Sandra	**möchte**	gerne	**fernsehen.**
Christian	**steht**	früh	**auf.**		Christian	**muss**	früh	**aufstehen.**

③ Ortspräpositionen plus Dativ

Ortspräpositionen plus Akkusativ

in	an	auf	über	unter	hinter	vor	neben	zwischen

keine Bewegung – Bewegung an einem Ort	**Bewegung von einem Ort zu einem anderen Ort**
Dativ: dem/dem/der // den	**Akkusativ: den/das/die // die**

Wo ist der Safaripark? Er ist *neben der Rennbahn.*	Wohin läuft der Mann? Er läuft *in den Park.*
Wo liegt der Löwe? Er liegt *unter dem Baum.*	Wohin fliegt der Vogel? Er fliegt *auf das Haus.*
Wo schwimmt die Ente? Sie schwimmt *auf dem See.*	Wohin springt die Katze? Sie springt *neben den Ball.*

④ Adverbiale Bestimmung der Zeit

Adverbiale Bestimmung / Subjekt	Verb	Subjekt / Adverb. Bestimmung	Satzglied

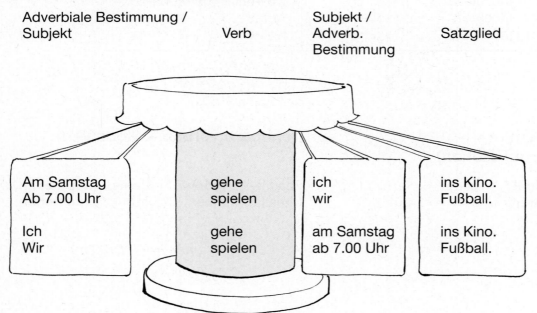

Am Samstag Ab 7.00 Uhr	gehe spielen	ich wir	ins Kino. Fußball.
Ich Wir	gehe spielen	am Samstag ab 7.00 Uhr	ins Kino. Fußball.

5 Fragefürwörter

😊	**Wer**	kommt zu der Party?	😑	Meine Freunde.
😊	**Wie**	kommen wir nach Hause?	😑	Mit dem Bus.
😊	**Wie viele**	Kinder kommen?	😑	Ungefähr 20.
😊	**Was**	machen wir dann?	😑	Wir spielen Karten.
😊	**Wann**	tanzen wir?	😑	Später.
😊	**Wohin**	gehen wir abends?	😑	Ins Kino.
😊	**Wo**	wohnst du?	😑	In Köln.

Lektion 7

❶ Bildung des Partizip Perfekts

Schwache Verben	Starke Verben		Trennbare Verben	
kaufen	sehen	laufen	ein/laden	ein/kaufen
ge-kauf-**t**	**ge**-seh-**en**	**ge**-lauf-**en**	ein-**ge**-lad-**en**	ein-**ge**-kauf-**t**

❷ Perfekt mit „haben" und „sein"

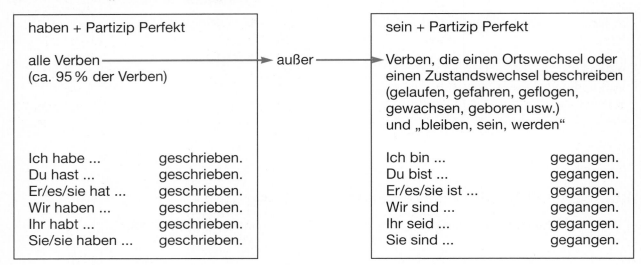

haben + Partizip Perfekt		sein + Partizip Perfekt	
alle Verben (ca. 95 % der Verben)	→ außer →	Verben, die einen Ortswechsel oder einen Zustandswechsel beschreiben (gelaufen, gefahren, geflogen, gewachsen, geboren usw.) und „bleiben, sein, werden"	
Ich habe ...	geschrieben.	Ich bin ...	gegangen.
Du hast ...	geschrieben.	Du bist ...	gegangen.
Er/es/sie hat ...	geschrieben.	Er/es/sie ist ...	gegangen.
Wir haben ...	geschrieben.	Wir sind ...	gegangen.
Ihr habt ...	geschrieben.	Ihr seid ...	gegangen.
Sie/sie haben ...	geschrieben.	Sie sind ...	gegangen.

Beispiele:

Marc hat den Hit **ge**schrieben.

Die Piloten sind in Berlin **ge**wesen.

Radio Aktiv hat die Piloten ein**ge**laden.

Die Piloten haben in Berlin ein**ge**kauft.

❸ Fragefürwörter

Wie		heißt	Bobo richtig?	
Wo		studiert	Bobo?	
Wann		kommt	die Band?	
Was		spielen	die Piloten?	
Wen		sieht	Sara?	
Welcher	Musiker	spielt	Gitarre?	**der** Musiker
Welches	Instrument	hat	Uli?	**das** Instrument
Welche	CD	hast	du?	**die** CD
Welche	Fans	kommen	zum Konzert?	**die** Fans

④ Fragefürwörter mit Perfekt und Klammerstellung

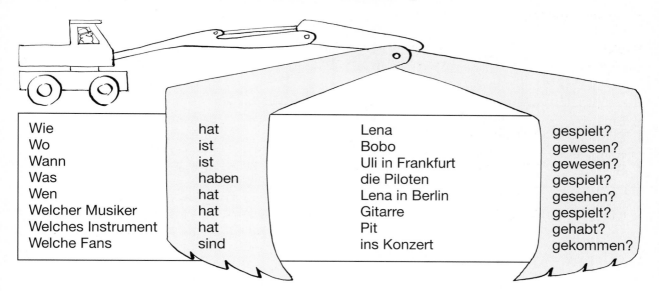

Wie	hat	Lena	gespielt?
Wo	ist	Bobo	gewesen?
Wann	ist	Uli in Frankfurt	gewesen?
Was	haben	die Piloten	gespielt?
Wen	hat	Lena in Berlin	gesehen?
Welcher Musiker	hat	Gitarre	gespielt?
Welches Instrument	hat	Pit	gehabt?
Welche Fans	sind	ins Konzert	gekommen?

⑤ Akkusativ mit bestimmtem und unbestimmtem Artikel

	bestimmter Artikel		**unbestimmter Artikel**
der	Wir wollen **den** Song hören.	Wir wollen	**einen** Song hören.
das	Wir wollen **das** Lied hören.	Wir wollen	**ein** Lied hören.
die	Wir wollen **die** Gitarre hören.	Wir wollen	**eine** Gitarre hören.
die	Wir wollen **die** Instrumente sehen.	Wir wollen	Instrumente sehen.

⑥ Steigerung des Adjektivs

regelmäßig	**unregelmäßig**
Carsten läuft schnell.	Lena spielt gut Flöte.
Sara läuft schnell-er.	Bobo spielt besser Gitarre.
Christina läuft am schnell-s-ten.	Marc spielt am besten Trompete.
Merke: groß – größer – am größten teuer – teurer – am teuersten weit – weiter – am weitesten	**Merke:** viel – mehr – am meisten gut – besser – am besten hoch – höher – am höchsten

7 **Adverbiale Bestimmung des Ortes**

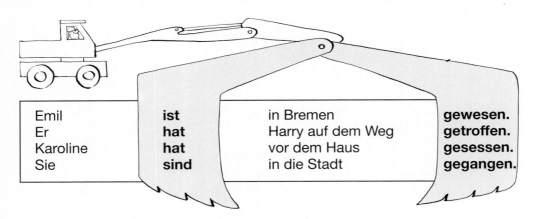

Emil	**ist**	in Bremen	**gewesen.**
Er	**hat**	Harry auf dem Weg	**getroffen.**
Karoline	**hat**	vor dem Haus	**gesessen.**
Sie	**sind**	in die Stadt	**gegangen.**

8 **Der Imperativ**

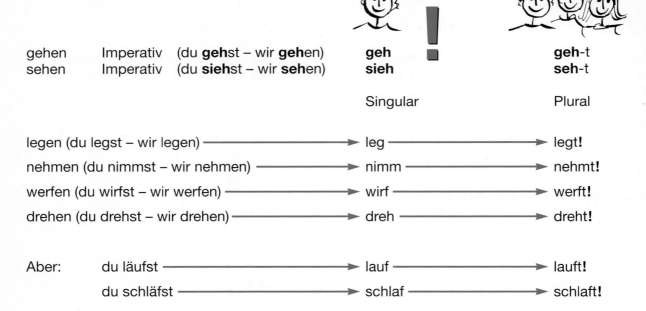

gehen	Imperativ	(du **geh**st – wir **geh**en)	**geh**	**geh**-t
sehen	Imperativ	(du **sieh**st – wir **seh**en)	**sieh**	**seh**-t

Singular   Plural

legen (du legst – wir legen) ———————→ leg ———————→ legt!

nehmen (du nimmst – wir nehmen) ———→ nimm ———————→ nehmt!

werfen (du wirfst – wir werfen) ————→ wirf ———————→ werft!

drehen (du drehst – wir drehen)———→ dreh ———————→ dreht!

Aber: du läufst ———————————→ lauf ———————→ lauft!

            du schläfst ———————————→ schlaf ———————→ schlaft!

9 Präpositionen mit Akkusativ und unbestimmtem Artikel

Akkusativ nach Bewegung von einem Ort zu einem anderen Ort

Nominativ		Akkusativ	
der/ein Musikladen	Sie sind	**in einen Musikladen**	gegangen.
das/ein Buch	Die Noten habe ich	**unter ein Buch**	gelegt.
die/eine CD	Er hat das Buch	**auf eine CD**	gelegt.
die/– Bücher	Wir haben die CD	**auf Bücher**	gelegt.

10 Zuerst, dann, darauf, später, danach, hinterher, zum Schluss

Zuerst	mache ich	die Hausaufgaben.
Dann	rufe ich	Sara an.
Daraufhin	gehen wir	ins Kino.
Später	essen wir	ein Eis.
Danach	gehen wir	nach Hause.
Hinterher	hören wir	Musik.
Zum Schluss	schenke ich	Sara eine CD.

❶ Präpositionen mit Dativ und Akkusativ

an	auf	in	vor	hinter	über	unter	neben	zwischen

Akkusativ	**Dativ**
Bewegung von einem Ort zu einem anderen Ort	Bewegung an einem Ort Keine Bewegung
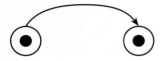	
(den/das/die // die)	(dem/dem/der // den)
Akkusativ nach (stellen, legen, setzen, werfen)	Dativ nach (sein, bleiben, stehen, sitzen)
Daniel stellt die Reifen *an die Wand.* Er legt den Schraubenzieher *auf den Tisch.* Daniel wirft den Scheibenwischer *in die Mülltonne.* Er legt den Hammer *zwischen die Batterien.*	Der Tank ist *über der Stoßstange.* Das Pedal ist *unter dem Lenkrad.* Der Außenspiegel ist *an der Tür.* Der Reifen ist *neben der Tür.*

❷ Adjektivendungen im Akkusativ

(den -en Reifen / das -e Rad / die -e Farbe // die -en Reifen / Räder / Farben)

Daniel stellt	*den alt**en** Reifen*	an die Wand.
Er legt	*das neu**e** Hinterrad*	neben die Tür.
Er stellt	*die neu**e** Farbe*	in das Regal.
Er legt	*die neu**en** Scheibenwischer*	auf den Sitz.

❸ Verben mit Modalverben

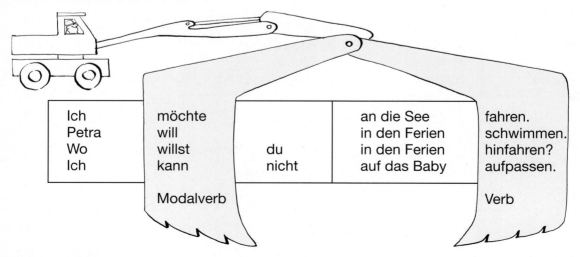

Ich	möchte			an die See	fahren.
Petra	will			in den Ferien	schwimmen.
Wo	willst		du	in den Ferien	hinfahren?
Ich	kann		nicht	auf das Baby	aufpassen.
	Modalverb				Verb

4 Konjunktionen (weil, wenn, dass)

Hauptsatz	,	Konjunktion		Verb
Ich fahre an die See	,	weil	ich dort	schwimme.
Ich fahre mit	,	wenn	ich Zeit	habe.
Ich habe gehört	,	dass	die Bielers auch dort	sind.
Ich passe auf das Baby auf	,	weil	Tante Inge keine Zeit	hat.

5 Adverbiale Bestimmung der Zeit

Wir sind **gleich** da.
Das dauert **sehr lange**.
Ihr müsst **ein paar Stunden** warten.
Wir kommen **später**.
Das kann **noch Stunden** dauern.

Zeitpunkt: jetzt, sofort, um ... Uhr, gleich, später

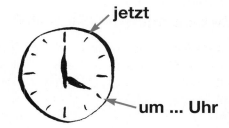

jetzt

um ... Uhr

**Zeitdauer: sehr lange, (ein paar) Stunden,
(einige) Tage, einen Monat**

von ... bis ...

März

Mo Di Mi Do Fr Sa So
1 2 3 4 5 6 7

von ... bis ...

6 **Bestimmter und unbestimmter Artikel im Nominativ und Akkusativ**

	der	das	die	die
Nominativ/bestimmter Artikel	der	das	die	die
Nominativ/unbestimmter Artikel	ein	ein	eine	–
Akkusativ/bestimmter Artikel	den	das	die	die
Akkusativ/unbestimmter Artikel	einen	ein	eine	–

Jetzt kommt *der Verkehrsfunk.*
Hier ist *ein Unfall.*

Hier ist *das Bremslicht.*
Das ist nur *ein Bremslicht.*

Das ist *die Staumeldung.*
Da ist *eine Autotür.*

Ich sehe **den** *Unfall.*
Wir sehen *ein**en** Unfall.*

Er schaltet *das Licht* an.
Ich sehe *ein Bremslicht.*

Ich höre *die Staumeldung.*
Er macht *eine Tür* auf.

7 **Präpositionen mit Dativ**

Folgende Präpositionen haben immer den Dativ:
Merke: „Aus Mitbeivon nach Seitaußerzu" fährst immer mit dem **Dativ** du!

(aus, mit, bei, von, nach, seit, außer, zu)

Der Strandkorb ist **bei** dem Bootsverleih.
Er kommt **aus** dem Zelt.
Wir gehen **zu** dem Papierkorb.
Da ist der Junge **mit** dem Eis.
Ich komme **von** dem Campingplatz.

(zu dem = **zum)**

(von dem = **vom)**

8 Präpositionen mit Akkusativ

Diese Präpositionen haben immer Akkusativ:

Merke: FUDGO
(für, um, durch, gegen, ohne)

Das Rad ist **für** den Lastwagen.
Daniel fährt **um** den Park.
Er fährt **durch** die Stadt.
Petra läuft **gegen** das Auto.
Der Autofahrer kommt **ohne** den Schlüssel.

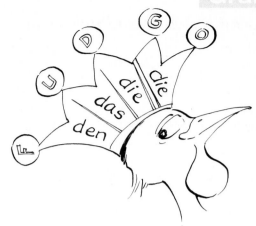

9 Präteritum

regelmäßige Verben		**unregelmäßige Verben**	
Stamm	Endung	Stamm	Endung
hör	-en	**lau**f	-en
spiel	-en	**se**h	-en
hol	-en	**fah**r	-en

Präteritum

Stamm	-t	-Endung
hör	**-t**	-e
spiel	**-t**	-e
hol	**-t**	-e
ich	hört-**e**	
du	hört-**est**	
er/es/sie	hört-**e**	
wir	hört-**en**	
ihr	hört-**et**	
sie/Sie	hört-**en**	

Präteritum

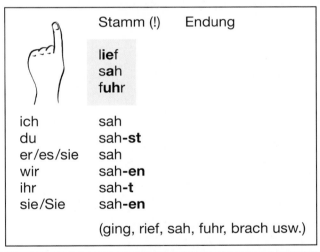

	Stamm (!)	Endung
	lief	
	sah	
	fuhr	
ich	sah	
du	sah-**st**	
er/es/sie	sah	
wir	sah-**en**	
ihr	sah-**t**	
sie/Sie	sah-**en**	

(ging, rief, sah, fuhr, brach usw.)

Merke: Präteritum von	**sein**		**haben**	
	Präsens	Präteritum	Präsens	Präteritum
ich	bin	war	habe	hatte
du	bist	warst	hast	hattest
er/es/sie	ist	war	hat	hatte
wir	sind	waren	haben	hatten
ihr	seid	wart	habt	hattet
sie/Sie	sind	waren	haben	hatten

❶ Komparativ und Superlativ

Grundform	Komparativ (-er)	Superlativ (am -(e)sten)
schnell ⟶	schneller ⟶	am schnellsten
interessant ⟶	interessanter ⟶	am interessantesten
langweilig ⟶	langweiliger ⟶	am langweiligsten

Aber:

gut ⟶	besser ⟶	am besten
viel ⟶	mehr ⟶	am meisten

Kinofilme sind **gut.**
Fußballspiele sind **besser.**
Wildwestfilme sind **am besten.**

Comics sind interessant.
Wildwestfilme sind interessant**er**.
Tierfilme sind am interessant**esten**.

❷ Possessivpronomen im Nominativ

	der	das	die	die
ich	mein	mein	meine	meine
du	dein	dein	deine	deine
er/es	sein	sein	seine	seine
sie	ihr	ihr	ihre	ihre
wir	unser	unser	unsere	unsere
ihr	euer	euer	eure!	eure!
sie/Sie	ihr/Ihr	ihr/Ihr	ihre/Ihre	ihre/Ihre

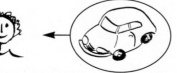 

Beispiel:

Das ist mein Freund.   Das ist sein Auto.   Das ist meine Freundin.   Das sind meine Freunde.

Präpositionen mit Dativ und Akkusativ

Merke:

1. Nach den Präpositionen **FUDGO** (für, um, durch, gegen, ohne) nimmst du den **Akkusativ**.

Das Geschenk ist **für** **meinen Freund.**
Sara läuft **durch** **den Park.**

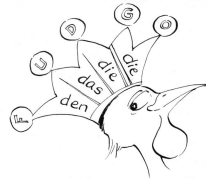

2. **„Aus Mitbeivon nach Seitaußerzu"** fährst immer mit dem **Dativ** du!

Ich schreibe **mit dem Füller.**
Er kommt **von der Schule.**
Vater geht **zum (zu dem) Blumenladen.**

3. Nach den Präpositionen „in, an, auf, vor, hinter, neben, über, unter, zwischen" kommt **Dativ oder Akkusativ**.

Merke:

Akkusativ	**Dativ**
Bewegung von einem Ort zu einem anderen Ort	Keine Bewegung Bewegung an einem Ort

Ich gehe **in den Park.** Sara springt **auf den Stuhl.**	Sie steht **auf dem Stuhl.** Ich spiele **in dem Park.**

Lektion 10

❶ Ortspräpositionen plus Dativ oder Akkusativ

| in | an | auf | vor | hinter | neben | über | unter | zwischen |

Merke:

Akkusativ: in das = **ins**   **an** das = **ans**

Wir gehen **ins** Kino.
Sara läuft **ans** Tor.

Bewegung von einem Ort zu einem anderen Ort

Akkusativ

Jürgen geht **an den** Bach.
Er wirft den Müll **in das** Wasser.
Er wirft Abfall **in die** Büsche.
Jürgen geht **an das** Ufer.
Wirf die Batterien nicht **in den** See.
Das Gift läuft **in das** Wasser.

Dativ: in dem = **im**   **an** dem = **am**

Wir sind **im** Kino.
Sara steht **am** Tor.

Keine Bewegung
Bewegung an einem festen Ort

Dativ

Der Bach ist **an der** Schule.
Jetzt liegt viel Müll **im** Wasser.
In den Büschen liegt schon Abfall.
Jürgen arbeitet **am** Ufer.
Die Batterien liegen **im** See.
Das Gift bleibt **im** Wasser.

---

❷ Perfekt mit „haben" und „sein"

Klammerstellung des Verbs im Perfekt:

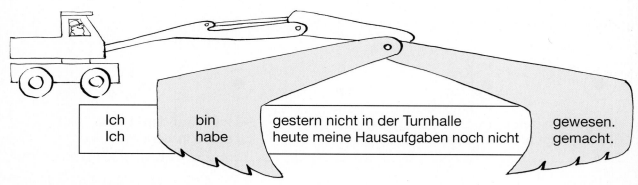

| Ich | bin | gestern nicht in der Turnhalle | gewesen. |
| Ich | habe | heute meine Hausaufgaben noch nicht | gemacht. |

Perfekt mit haben

fast alle Verben außer: ————————————————→
95% aller Verben

Perfekt mit sein

Verben, die eine Veränderung des Ortes
(z.B. laufen) oder des Zustandes
(z.B. aufwachen) beschreiben
und
sein – **gewesen**
werden – **geworden**
bleiben – **geblieben**

Ich	habe	Eis	gegessen.		Ich	bin	in die Schule	gelaufen.
Du	hast	Eis	gegessen.		Du	bist	in die Schule	gelaufen.
Er/es/sie	hat	Eis	gegessen.		Er/es/sie	ist	in die Schule	gelaufen.
Wir	haben	Eis	gegessen.		Wir	sind	in die Schule	gelaufen.
Ihr	habt	Eis	gegessen.		Ihr	seid	in die Schule	gelaufen.
Sie/sie	haben	Eis	gegessen.		Sie/sie	sind	in die Schule	gelaufen.

Bildung des Partizip Perfekts

Regelmäßige Verben

(der Stamm bleibt)

spiel-en ————→ **ge**-spiel-**t**
lern-en ————→ **ge**-lern-**t**

Aber:

telefonier-en   telefonier-t
studier-en   studier-t

woll-en   ge-woll-t
müss-en   ge-muss-t
soll-en   ge-soll-t
könn-en   ge-konn-t
dürf-en   ge-durf-t

Unregelmäßige Verben

(der Stamm wird anders)

lauf-en ————→ **ge**-lauf-**en**
seh-en ————→ **ge**-seh-**en**
geh-en ————→ **ge**-gang-**en**
find-en ————→ **ge**-fund-**en**

Trennbare Verben:

an-zieh-en   an-**ge**-zog-en   an**ge**zogen
auf-steh-en   auf-**ge**-stand-en   auf**ge**standen

	GRAMMATIK	REDEABSICHTEN / TEXTPRODUKTION
Lektion 1	Personalpronomen im Nominativ Das Verb im Präsens Fragepronomen (wer? wie? was? wo? wann? welche?) Zeit- und Ortsangaben Best. und unbest. Artikel im Nominativ und Akkusativ Imperativ Modalverb und Klammerstellung des Verbs im Hauptsatz Possessivpronomen 1. bis 3. Person Singular Zahlen von 1 bis 100 Präpositionen „in" und „an"	Sich und andere vorstellen können – Information dazu erfragen Meinungen äußern – Zustimmung oder Ablehnung Termine (Stundenplan) erklären und erfragen Eigene und fremde Tagesabläufe beschreiben können Verwandtschaftsverhältnisse, persönliche Daten erfragen
Lektion 2	Inversion bei Orts- und Zeitangaben Adverbien der Zeit Adverbien des Ortes Präpositionen „bei" und „mit" Possessivpronomen im Singular und Plural Nominativ Pluralbildung Trennbare Verben Fragepronomen der Zeit (wie oft? um wie viel Uhr? von wann bis wann?) Verbstellung bei Entscheidungsfragen	Eigene Vorlieben und Hobbys vorstellen und erfragen können Interviewen von Mitschülerinnen und Mitschülern Lokalangaben erfragen Reportagen gestalten Detaillierte Zeitangaben erfragen und mitteilen Annoncen schreiben können
Lektion 3	Demonstrativpronomen der, das, die // die Ortspräpositionen mit Dativ Adjektivendungen im Nom. und Akk. mit best. Artikel Modalverben und Klammerstellung der Verben im Hauptsatz Fragesätze mit Modalverben (dürfen, wollen, müssen, können) Datumsangaben (Uhrzeit, Tag, Monat, Jahreszeit, Jahr)	Einkaufen im Supermarkt und Konfektionsladen - Preise erfragen In Poesiealben und Freundschaftsbücher schreiben können Geburtstagslied und Geburtstagsdialoge Wünsche und Pflichten sprachlich differenzieren lernen Feste und Feiern beschreiben und im Jahr einordnen Wetter und Jahreszeiten Gedichte und nach Zahlen malen lernen Ein Rezept verstehen und umsetzen können
Lektion 4	Verben mit festen Präpositionen (fahren nach, bleiben in, sein in) Ortspräpositionen mit Dativ Possessivpronomen im Akkusativ Ortsangaben auf der Landkarte Modalverben und Klammerstellung des Verbs (möchten) Perfektbildung unregelmäßiger Verben mit „sein" Steigerungsstufen der Adjektive Präteritum von „sein"	Urlaubsziele erfragen und erläutern Reisevorbereitungen Urlaubsaktivitäten erfragen und erklären Speisekarten lesen und im Restaurant bestellen Tagebucheintragungen vornehmen können Über Vergangenes berichten können Bild- Textcollagen mit eigenen Texten anfertigen
Lektion 5	Präposition „zu" mit Dativ Satzbaupläne – Stellung der Satzglieder bei Orts- und Zeitangaben Steigerung unregelmäßiger Adjektive Perfektbildung mit „haben" Nebensätze mit „weil" Verbstellung im Nebensatz Personalpronomen im Nominativ und Akkusativ	Sich auf Bahnhof und Flugplatz orientieren Ansichtskarten, Briefe und Fax schreiben lernen Telefongespräche führen Brieffreundschaften aufnehmen Briefe gestalten Ländertypisches vorstellen können eine Bastelanleitung verstehen und umsetzen Tagesabläufe in der Vergangenheit beschreiben Fotoalben beschriften lernen

GRAMMATIK	REDEABSICHTEN / TEXTPRODUKTION
Lektion 6 Modalverben und trennbare Verben – Verbstellung Ortspräpositionen plus Dativ oder plus Akkusativ Präposition „zu" plus Dativ Pluralbildung Fragefürwörter plus Perfekt – Verbstellung Nominativ und Akkusativ von best. und unbest. Artikel im Sg. und Pl. Steigerung regelmäßiger und unregelmäßiger Adjektive Adverbiale Bestimmung des Ortes und Perfekt – Verbstellung Imperativ regelmäßiger und unregelmäßiger Verben Zeitangaben	Freizeitplanung vorstellen und begründen Aktivitäten im Freizeitpark beschreiben Herkunft von Tieren erklären können Deutsche Märchen an Symbolen erkennen können Einladungsschreiben gestalten und formulieren
Lektion 7 Perfektbildung mit „haben" und „sein" regelmäßiger und unregelmäßiger Verben Präpositionen mit Akkusativ Nominativ und Akkusativ bei best. und unbest. Artikel im Sg. und Pl. Imperativ regelmäßiger und unregelmäßiger Verben Richtungsangaben Fragefürwörter Steigerung der unregelmäßigen Adjektive Orts- und Zeitadverbien	Persönliche Daten von Stars erfragen und darüber berichten CD auswählen und einkaufen Plakatentwürfe zu Werbezwecken gestalten Bastelanleitung für Musikinstrumente verstehen und umsetzen sich auf einem Stadtplan orientieren und Wege erklären
Lektion 8 Ortspräpositionen mit Dativ oder Akkusativ Verbstellung im Nebensatz Präpositionen mit Dativ Präpositionen mit Akkusativ Adjektivendungen im Akkusativ Konjunktionen „weil, wenn, dass" Präteritum und Perfekt trennbare Verben adverbiale Bestimmung der Zeit	Einzelteile an Fahrrad und Auto benennen und lokalisieren Anweisungen geben und ausführen Autokarte lesen und Fahrstrecken angeben Verkehrsfunkmeldungen verstehen Zeitungsmeldungen verstehen Werbeplakat für den Heimatort entwerfen und gestalten Unfallbericht schreiben Briefe zu Vergangenem schreiben können Zu Gelesenem erzählen
Lektion 9 „es gibt" + Akkusativ Steigerungsformen der Adjektive Präteritum und Perfekt mit „haben" und „sein" Fachsprache: Wetter Possessivpronomen und Personalpronomen im Nominativ und Akkusativ Präposition mit Dativ und Akkusativ	Fernsehprogramme differenziert beurteilen können Fernsehsendungen klassifizieren eigenes Fernsehverhalten kritisch beurteilen lernen in Telefongesprächen Informationen weitergeben Bewerbungsbriefe schreiben lernen eine Wetterkarte lesen und das Wetter beschreiben eine Reportage sprachlich gestalten können eine fantastische Geschichte (Schule im Jahr 3000) schreiben
Lektion 10 Wiederholung behandelter grammatischer Phänomene: Perfektbildung mit „haben" und „sein" Präpositionen mit Dativ und Akkusativ Präteritum Orts- und Zeitangaben Steigerungs- und Vergleichsformen der Adjektive	Materialien zuordnen können Müll und Umweltprobleme beschreiben Projektberichte verstehen und schreiben lernen Zusammenhänge im Kreislauf der Natur erkennen Bedeutung des Umweltschutzes im Alltag der Schüler erläutern Gegenstände differenziert beschreiben lernen Vermutungen begründen können

s Wortverzeichnis nach Lektionen 1 bis 5 findet sich im Schülerarbeitsheft Mega 2 / 1 (ISBN 3-86035-121-4); das rtverzeichnis nach Lektionen 6 bis 10 findet sich im Schülerarbeitsheft Mega 2 / 2 (ISBN 3-86035-122-2); Tipps und aktische Hinweise zum Umgang mit den Materialien, auch den Folien (ISBN 3-86035-125-7) und den Cassetten BN 3-86035-123-0) finden sich im Lehrerhandbuch (ISBN 3-86035-124-9).

Quellenverzeichnis und Dank

Texte

Alle Texte von Max-Moritz Medo und Rainer E. Wicke (Copyright by Gilde Verlag, Bonn), außer S. 36 „Was werden wir schenken", Christel Süßmann, aus: Kunterbunte Weihnachtskiste, Boje Verlag, Erlangen; S. 44 „Kunkels Dias", Roswitha Fröhlich, aus: Der fliegende Robert, H.-J. Gelberg (Hrsg.), 1977 Beltz Verlag, Weinheim und Basel, Programm Beltz und Gelberg, Weinheim; S. 49 „Ferienerzählungen", Hans Manz, aus: Hans Manz, Die Welt der Wörter, 1991 Beltz Verlag, Weinheim und Basel, Programm Beltz und Gelberg, Weinheim.

Fotos

Die Rechteinhaber der folgenden Abbildungen auf den genannten Seiten sind
(o = oben; u = unten; m = Mitte; l = links; r = rechts):
Claudia Göbert, Köln 44 u/r, 44 m/r; Compas Media, Bremen 57 (Brot); Corel Corp., CAN-Ontario, Corel Professional Photos, Vol. 8, 239093.pcd 57 (Bayer); Peter Dahm Bildreportagen, Möhnesee 14, 20, 21, 35 o/l, 49, 50, 55 (Junge), 57 (Kartoffeln), 87, 115; HERMA, Heinrich Hermann GmbH&Co., Stuttgart 29; Inter Nationes (Horst Müller), Bonn 57 (Fußball); Inter Nationes 26, 27, 35 u/r, 35 m/l, 44 o, 51, 55 (Haus), 55 (See, Berge), 57 (Fabrik, Auto, Dom, Noten); KölnTourismusOffice, Köln 10; KölnTourismusOffice (L. Ströter), Köln 84; Kurverwaltung Cuxhaven 92; Daniela Litzelmann, Bonn 44 m/r, 88, 110; Max-Moritz Medo, Nordhorn 61; Daniel Niederehe, Köln 55 (Ort); Dr. Katharina Preuss-Neudorf 57 (Tennisschläger); Gaby Recker, Bonn 44 o/r, 44 m/l; Karl-Georg Waldinger, Wuppertal-Ronsdorf 77; Rainer Wicke, Kürten-Waldmühle 11, 44 m, 59, 82, 83, 90, 111, 112; Ziska, Berlin 57 (Märchen).

Danke!

Allen, die an der Realisierung dieses Lehrbuches beteiligt waren und zum Gelingen des Projekts beigetragen haben, gilt unser Dank; besonders:
Rainer Domisch, FIN-Helsinki; Alicia Padrós-Wolf und vielen Lehrerinnen und Lehrern im Goethe Institut, D-Freiburg und Christopher Wicke, D-Kürten; Herrn Ferdinand Tesch, D-Nordhorn; Gerhard Hartmann, D-Nordhorn und Jenny Orellana Varas, Chile.